ルポ

路上生活

國友公司

JN131303

彩図社

はじめに

私には、長年にわたり抱き続けている疑問がある。

——ホームレスは一体、どんな生活をしているのか？

非常に単純な疑問ではあるが、それは実際にホームレスにでもならない限り知りえないことだと思う。

テレビや雑誌、様々なメディアが報じるホームレスの情報にそれとなく触れてきたことで、私は彼らに対し、とにかく辛そう、暑そう、寒そう、飢え死にしそう、精神的に参りそう、といったイメージを抱いている。

世間一般の人々も、多くはそんな感じじゃないだろうか。

そして、「明日は我が身」などと言いつつ、頭にこびり付いたイメージから逃れるように、日々働き、税金を納め、もらえるかもわからない年金を払い続けている。

何かの拍子で職を失い、食費が底をつき、家賃も払えなくなり、ホームレスになってしまうことが私は怖い。そして、いつかそんな日が来てしまうのではないかと恐れている。

しかしそれは、ホームレスの生活がどんなものなのかわからないが故ではないのか。

実態もわからないものになるなんて、そんなもの怖いに決まっているのだ。

二〇二一年の日本経済は、前年に引き続きコロナ禍で大荒れだ。倒産する会社が相次ぎ、失業者が増え、経済格差は拡大した。東京都の新型コロナウイルス新規感染者数も七月中旬から急激に増加し、第五波が到来した。

その中で行われた東京五輪には多くの反対派が生まれ、医療と経済の間で日本が揺れていた。その渦中である東京において、貧困の最前線とも言えるホームレスは果たしてどんな状況に置かれているのか？

長年の疑問を解消するには、この上ないタイミングである。

私は東京二十三区の各地で、東京五輪の開会式が行われた二〇二一年七月二十三日から九月二十三日までの約二カ月間をホームレスとして過ごした。

具体的な場所を挙げれば、「東京都庁下」「新宿駅西口地下」「上野駅前」「上野公園」「隅田川高架下」「荒川河川敷」の六つのエリアである。

そこで見た彼らの生活を、ありのままここに記す。

1章 東京西部編

2章 東京東部 編

3章 河川敷編

1章 東京西部編

ホームレス生活初日

二〇二一年七月二十三日昼、東京の上空にブルーインパルスが飛んだ。

私が住んでいる新宿区のマンションからもその光景は見られるようで、下の階に住む大家が「あなたのベランダは眺めがいいから一緒に見ない？」と部屋までやってきた。

だが、私はこれから始まるホームレス生活の準備でそれどころではない。出張や旅行とはわけが違うのだ。何を持っていけばいいのかさっぱりわからないが、ホームレス生活に必要な持ち物など人に聞くようなことでもない。

明日、家を追い出されるとしたら何を持っていくだろうか。まず、ホームレスになるために新たに物を買うということはなさそうである。家の中にあるものから虎の子の荷物を選び、あとはすべて捨てることになるだろう。

下着4日分、上着、タオル、タオルケット、歯ブラシ、ハサミ、ビニール袋、チャッカマン、傘、本。最終的にこちらの十点をバックパックに詰めた。

そして、財布には七千円だけ入れた。思うに、一万円あれば路上ではなくまずはネットカフェに向かうだろう。根拠はないが、七千円という額は人がホームレスになるリアルな所持金であるような気がしたのだ。

ベランダに出るとブルーインパルスの飛行はとうに終わっており、遠くのビルが陽炎で揺れていた。非常に暑そうではあるが、念のため長ズボンを履き、上は半袖にした。駐輪場に停めてある自転車にまたがり、私が向かったのは西新宿にある東京都庁である。

第一本庁舎と第二本庁舎の間に延びる「ふれあい通り」には、ホームレスたちのダンボールハウスが十五軒ほど立ち並び、村のようなものが形成されている。都庁のペデストリアンデッキおよび頭上を走る都庁通りの高架下となっており、雨風がしのげるためだ。

この都庁下から新宿駅に向かう「動く歩道」は、一九九六年に設置されたものだ。新宿駅までは歩くと十分以上はかかるためとても便利なのだが、当時この場所にはホームレスたちがズラリとダンボールハウスを構えていた。

動く歩道の建設で退去要請を受けたホームレスたちは、都庁の目の前にある新宿中央公園にテントや小屋を建て始めた。その後、取り締まりの強化で公園にも寝泊まりすることができなくなり、新宿エリアのホームレスが暮らすのは、主にふれあい通りなどの路上と新宿駅西口の地下広場となった。夜になると百人ほどのホームレスが地下広場に集まり、ダンボールを敷いて眠っている。

ふれあい通りのとなりを走る「中央通り」にも、ダンボールハウスはないものの毛布を敷くなどして寝ているホームレスが十人ちょっといる。それ以外の周りの道路にもチラホラとホームレスの姿がある。

私は二〇一七年の夏、このふれあい通りに入り浸っていたことがある。ホームレスの生活をテーマに大学の卒業論文を書くためだった。そのときは二十六軒のダンボールハウスがほとんど隙間なく並んでいたが、今は十軒ほどその数が減っている。ならば、その隙間に自分もダンボールハウスを構えられるのではと考えていた。

しかし、隙間は「東京都第三建設事務所」と書かれたカラーコーンで囲われている。後で調べてみると、この「第三建設」は東京都建設局の組織のようで、新宿区・中野区・杉並区の道路、河川の整備とその維持管理を行っているという。

先住のホームレスたちの目もあり、カラーコーンをどかして座り込む勇気は出ず、通りの隅のほうにある植込みの横のスペースにタオルケットを敷き、ここを本日の寝床とすることにした。

しかし、時計を見るとまだ夕方の四時である。寝るにはさすがに早すぎるし、とくにすることもないので、ほかのホームレスたちが何をしているのか見に行った。

私の寝床の横には腰を掛けられるエリアがあり、ダンボールハウスで暮らすふれあい通りのホームレスたちの共有スペースになっている。今も十人ほどが腰を掛けながら、各々、カップ麺をすすったり、パンをかじったりしている。そのうち、缶コーヒーを三本袋に入れたホームレスが自転車で帰宅し、「まあまあ」と言いながら周りに差し入れ

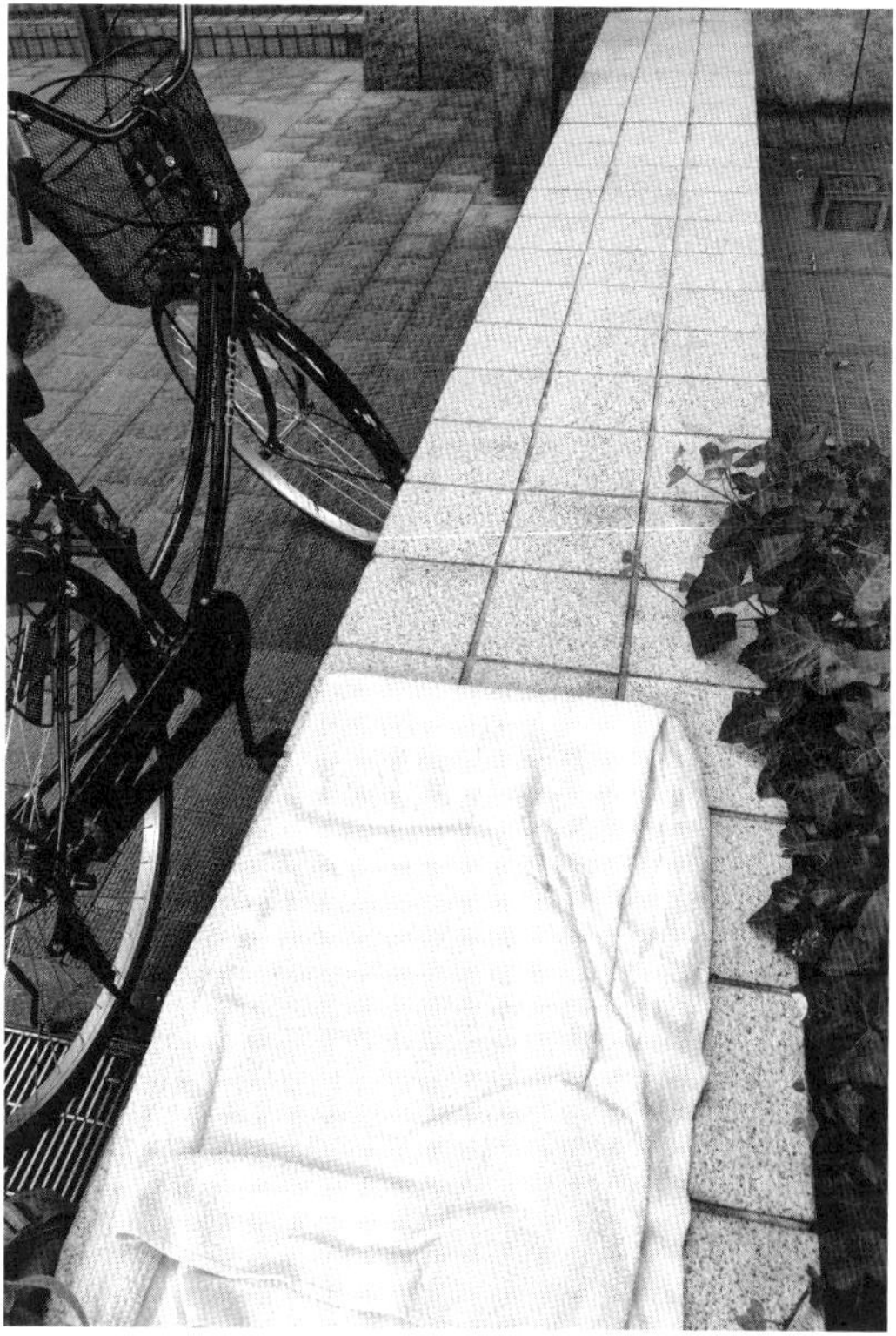

都庁の前に構えた初日の寝床

を始めた。

　少し離れた先にある歩道橋の下では、三十代くらいの若いホームレスがガスコンロで茹でたマカロニをマヨネーズで和えて食べていた。

　みんな一体、金はどうしているのだろうか？　最低でも二カ月間の路上生活取材を予定している私には、百二十四円のセブンイレブンのツナマヨおにぎりを一日一個買うお金すらないというのに。

　それに、マカロニを茹でているホームレスはなぜ、周りに誰もいないあんなところにわざわざポツンとひとりで暮らしているのだろうか。ひとりだけ完全に浮いており、大量の荷物が歩道に散らばっているものだから、訝し気な表情で見ている歩行者も多い。

　マカロニを平らげるとおもむろに荷物をまとめ、手に一つや二つ袋をぶらさげながら歩道橋とハイアットリージェンシーの間を行ったり来たりし始めた。この人は引っ越しが好きなのだろうか。背はひょろりと高く、日に焼けた黒い肌。路上生活というだけあってホームレスは往々にして日に焼けているのだが、その風貌から私は彼のことを「黒綿棒」と呼ぶことにした。

　歩道橋とハイアットを二十往復くらいはしただろうか。黒綿棒の引っ越しをすべてタオルケットの上から見届けたときには夜の八時になっていた。途中、第三建設の警備員に、「ここは都庁の敷地なので道路にして頂けませんか」と声をかけられ、タオルケッ

黒綿棒がマカロニを茹でていた場所

トを直接地べたに敷くことにした。そこからウダウダと新宿中央公園の水道で顔を洗ったり身体を冷やしたりしながら暑さと戦い続け、ようやく九時。そろそろ寝てもいい時間だが、次にやってきたのは空腹である。

二カ月を七千円でやりくりするには一日に百円ほどしか使えないわけだが、食費以外にも何か出費があることは想像できる。そのため初日は断食を決め込んでいたのだが、暑さにもがきながらその上腹が減っているというのはかなりのストレスで、せめて空腹だけでもどうにかしようとたまらず新宿のドン・キホーテに買い出しに行った。

四時間ひたすらに黒綿棒の引っ越しを眺めていた身としては、街の喧騒はありがたいものだった。ふれあい通りの人々は無駄な動きをせずにじっと座りながら、たまにポツポツと言葉を発する。街の人々は脚を動かし手を動かし口を動かし、眺めるぶんにも情報量が多くて気が紛れるのだ。

新宿駅東南口と職安通り、ドン・キホーテを二店舗回り、一斤八十円の食パンと百円の二リットルの水を買った。水は今後、このペットボトルに水道水を入れ替えるつもりだ。

自転車に乗っていると涼しいのだが、ふれあい通りに戻りタオルケットの上に寝転がると、また一気に汗が噴き出してきた。食パンを一枚食べ、仕方ないので再び新宿中央公園に行き、上半身裸になって濡れタオルで身体を拭いた。

二十三時、ふれあい通りに一台のハイエースが停まり、髪を後ろで結いた小太りのホームレスがなにやら大きな荷物を受け取っている。中身は弁当のようで、ランニング姿のホームレスと手分けをして住人たちに配る、というよりそれぞれのダンボールハウスにボンボンと弁当を投げ入れ始めた。これは、私ももらえるものなのだろうか？

夕方にも缶コーヒーを三本配っていたおじさんは、そのとき私のことを見向きもしなかった。この場所に来てまだ数時間しか経っていないのだから、ホームレスだと思われていないのかもしれない。そこで、「余っていたら私にも分けてくれませんか」と、ランニング姿のホームレスに歩み寄った。

「クリエイティブママ」の豚しゃぶ弁当

「この弁当はここで寝ている人たちに配っているものだからな？」

お前にやる弁当などひとつもないといった言い方で私を睨みつける。

「自分も今日からここで寝ているんです」

「は？　知らねえわそんなこと」

不意にすごまれヘナヘナとタオルケットが敷かれた場所に戻ろうとすると、「ちょっと待て」と引き留められた。

「ほら、これやるから。食えるときに食ったほうがいい」

「クリエイティブママ」と書かれた弁当の中身は豚しゃぶだった。なぜ、この弁当がここにあるのかさっぱりわからなかったが、今そんなことはどうでもいい。パサパサとした食パンでは満たされない空腹を満たすため、夢中で咀嚼を楽しんだ。近くで同じく豚しゃぶ弁当を食べているホームレスに聞いてみると、「観光バスの廃棄弁当が回って来ることはよくある。今回もたぶんそれ」と言っていた。

私がタオルケットを敷いている共有スペースには、ホームレスが五人ほどダンボールを敷いて眠っている。その中にはダンボールハウスを持っていない人もいれば、ハウスの中が暑すぎて避難しに来ている人もいる。

夜になると夕方吹いていた風がピタッと止み、アスファルトからも熱気が発せられているような気がする。どれだけ濡れタオルで身体を拭き、微動だにせず横になっていても、三分もすればダラダラと汗をかきはじめ、首のあたりはハチミツでも塗りたくられたかのようにベットリとしてくる。

このむごさは、ニューデリーの熱帯夜さながらである。いや、どんなに安い宿でも扇風機くらいは付いていたものだ。暑さで眠れず安宿のベランダから外を眺めると、となりのビルの屋上で車引きのインド人たちが寝苦しそうに転がっていたのを思い出す。

ほかのホームレスたちは「暑い」とも一言も言わずに黙って丸くなっているが、私はタオルケットの薄さも相まって限界である。暑さだけでなく、もう体中が痛むのだ。すでに深夜二時を回っているが、自転車に乗り、ダンボールを拾いに行くことにした。これでまた汗をかいてしまう。

同棲生活が始まる

七月二十四日。

西新宿の路上でダンボールを三枚拾い、ついでにゴミ捨て場にあったソファのクッションも枕用に拝借し、深夜三時にはようやく浅い眠りにつくことができた。暑さに関しては何も改善されていないが、寝床の改善によって快適度は劇的に変わった。

しかしどんなに眠くても、朝は日差しと車の音と蝉の鳴き声で五時には目覚めてしまう。眠い目をこするどころか徹夜明けの胃がもたれるような感覚がある。近くを見るとまだ寝ているのは自分だけで、目の前にダンボールハウスを構える六十歳半ばの男性は、路上の掃除をしている最中だった。

箒とちり取りで道路を入念に掃き、砂利ひとつ残さない勢いで二十メートル先まで掃除している。起きたら捨てに行こうと思っていた私の空の弁当を拾い上げ、指先のスナップでピッと投げると、弁当はクルクルと弧を描きながら男性のダンボールハウスの壁際にドンピシャで着地した。えげつないほどの型の付きようである。

この男性、昨日も夜六時にどこからか帰ってきては、固めてある荷物をほどき、中から出てきたダンボールのパーツを洗濯バサミで止めながら丁寧に家を建設していた。そして今は、巻き戻し再生のようにまったく同じ順序で家を解体し、六時前にはどこかに出掛けて行った。

睡眠不足のまま日中を外で過ごすのはかなり厳しい。それでいて、夜は夜で芋虫のようにに朝までモゾモゾしていたら次の朝には倒れてしまいそうである。私はもう一段階、寝床を整えることにした。ダンボールハウスで寝ている人も、ダンボールを敷いて寝ている人も、毛布やら寝袋やらを敷布団にしているのだ。

都庁から自転車で十分ほどの東新宿エリアには、ホストなど水商売の人々が住む小綺麗なマンションが数多ある。水商売は入れ替わりの激しい職業なので、マンションのゴミ捨て場はおそらく寝具であふれているはずだ。

果たして、同エリアのとあるマンションのゴミ捨て場にはまだまだ使えそうな寝具が積み上げられていた。管理人にどれか一つもらっていいかと尋ねると、「ゴミですからいくらでもどうぞ」と選び放題の様子である。私は敷布団を一枚もらうことにした。これで、少しはストレスが軽減されそうである。

昼過ぎまで布団の上で寝転んでいると、「これから都庁の下で炊き出しあるの知ってます？」と、長身の男が話しかけてきた。昨日、マカロニを茹でた後に引っ越しをしていた黒綿棒である。

「この団体は月に二回の炊き出しだったんだけど、コロナで毎週やるようになったんで

日中の都庁下の様子

すよ。コロナで中止になっている炊き出しもあるけれど逆に増やしているところもある。今日もたぶん二周くらいはもらえると思いますよ」

タオルケットの上から引っ越しを眺める新入りのホームレスを黒綿棒も認知しており、わざわざ私のところまで伝えに来てくれたのだ。見た目はだいぶ変わっているが、かなりいい奴かもしれない。

「昨日茹でてたマカロニも炊き出しでもらったんですか？」

ホームレスの社会にはお互いの生活に干渉しないというルールがあると何かの本で読んだことがある。しかし、ルールとはいえそんなもの人による。黒綿棒には何を聞いても答えてくれるような雰囲気がある。

「マカロニは通行人がベース（生活の拠点）に置いていった。ガスコンロはほかのホームレスからもらったものだけど、ちょうど昨日マカロニを茹でているときに壊れちゃったんだよね。マヨネーズはそれとなく手に入れたもの」

〝それとなく〟の意味がよくわからないのでさらに聞いてみると、「引っ越しで疲れすぎてとなりで寝ているホームレスに三百円を借りた」のだという。

「昨日は引っ越しだったんですか？」

「いや、そもそも今の場所が本来の僕のベースなんだよね。だけど、東京五輪のセレモニー（聖火リレーの点火セレモニー）をやるから二日間だけどいてくれと行政に言われて、歩道橋の下に移ったんだ。で、開会式が終わったみたいだから元の場所に戻っただけ」

「ホームレス排除ってやつですか」

「これを排除って言っていいのかわからないけども。僕は二年間このあたりに住んでいるけど、移動を命じられたのは東京マラソンと今回のセレモニーだけ。それも二日とか三日とか一時的なものだし」

新国立競技場建設のため、明治公園に住んでいたホームレスたちの排除が行われたのは事実としてある。都市公園法では、「都市公園に公園施設以外の工作物その他の物件又は施設を設けて都市公園を占用しようとするときは、公園管理者の許可を受けなければばならない」とされている。

つまり、明治公園内で寝泊まりすること自体、厳密に言えば違法であり、ふれあい通りのホームレスたちも本来許可を受ける必要がある。もちろん、何かしらの申請をしているホームレスなど一人もいないわけだが、五輪真っ最中の今もいつもと変わらない生活を送っている。

「強いて言うならば、ベースの頭上にあるライトが前は夜になると消えていたのだけど、今年の四月から二十四時間点灯するようになった。これが〝出て行ってほしい〟という行政からの無言の圧力と捉えられなくもないけども」

炊き出しのメニューは、「トマト・みかん・わかめご飯（アルファ化米）・ドライカレー（アルファ化米）・白がゆ・ビスケット」。トマトとみかんは二回分もらうことができた。アルファ化米というものは初めて見たが、災害時やキャンプのときに食べるもので、お湯を入れると十五分、水だと一時間で食べられる状態までふやける。炊き出しでは定番のメニューだという。

黒綿棒はふれあい通りとは別の通りで、島野君という若いホームレスとふたりで暮らしているという。つい先週までは黒綿棒と島野君の間にもうひとりホームレスがいたそうだが、「施設に入るかもしれない」と言い残して消えたらしい。

「間にいたホームレスはどんな人だったんですか？」

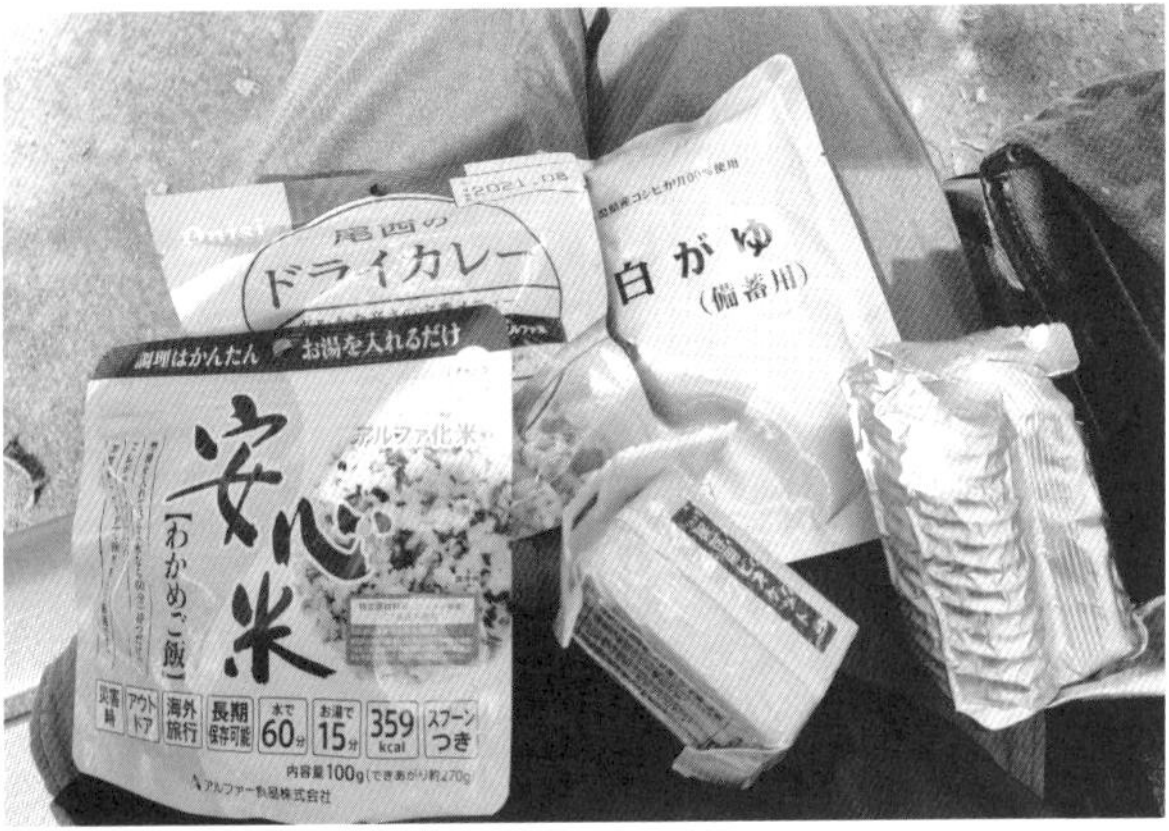

この日の炊き出し

「なんだか異常な様子でこの一帯をウロついている奴がいて、視界に入るもんだからこっちもイライラしてたんだよね。そしたら彼がハイアットの地下広場で寝ているところを通報されてね。放っておいたら自分たちの評判も悪くなりそうだから、仕方なくとなりに定着させたんだよね」

　その彼がこの地に流れ着いたのはつい三週間前の七月頭のことだという。生活保護施設に入居していたものの、嫌になって逃げてきたらしい。前科九犯。黒綿棒が聞いた限りではすべて覚せい剤での逮捕だという。前科九犯の男が帰ってくる見込みはなく、黒綿棒と島野君の間にはちょうど一人分のスペースが空いている。今いる場所よりだいぶ面白そうであるし、前科九犯の男が帰ってきたらそれはそれで興味深い。

「ふれあい通りの居心地がどうも悪くて。なぜ向こうには寝ないんですか？」

「あそこは派閥みたいなのがあるから。ふれあい通りは北側の車線よりも南側の車線にいるホームレスのほうが偉いみたいで、その中でも後ろで髪を結いた小太りのホームレスが威張っているんだよね。彼は炊き出しでもらった食事を捨ててコンビニで飯を買うことがたまにある。以前、〝食べ物を粗末にするな〟と彼に怒ったことがあるんだよね」

「やっぱりボスみたいな人がいるんですね」

「僕はボスだとは認めていないけども」

「じゃあ、ボス風ということで」

昨晩、豚しゃぶ弁当をダンボールハウスに投げ入れていたホームレスのことである。たしかに食べ物に困っていたら、あんな腹にはならないだろう。

「ホームレスのくせに太っているっておかしくないかと僕は思うけどね」

ごもっともな指摘である。私は前科九犯の薬物依存症患者（以下「ポン中」）が寝ていた場所に拾った布団を敷くことにした。黒綿棒の布団と私の布団の距離は五十センチほどしかない。おとなりさんというよりこれではもはや同棲である。そして、黒綿棒はかなりおしゃべりな奴だった。

「見ての通りここはオフィス街だから土日は人がいないのだけど、平日の朝は得てして通勤ラッシュでサラリーマンが死ぬほど目の前を通る。気にしないのもひとつの手だけど、僕は大抵寝たふりをしているかその場から逃げる。トイレは新宿住友ビルか小田急第一生命ビル。ウォシュレットが付いていて手洗い場ではお湯も使える。○時以降はビルが閉まるので夜中は新宿中央公園に行くしかないのだけど、こっちはウォシュレットもお湯もない。あと、早朝に目の前の駐車場で爆竹が鳴る。それで必ず目覚めるのだけど、さてそれはなぜでしょうか？」

ここでクイズ形式と来たか。僕らホームレスに対する警告だろうか。

「違う。要は駐車場にネズミが棲みついているので、爆竹の音で撃退しているんだよね。そうそう、野宿者っていうのは得てして歯をダメにしてしまう傾向があるので、炊き出しでカンパンをもらっても氷砂糖は食べないほうがいい。僕もそれで歯をダメにしてしまったから」

すでに奥歯は四本抜け落ちてしまったという。「保険証なんて川に捨ててやったさ」と言うように、当然、国民健康保険料など払っているわけがない。

国民健康保険料は特別な事情なく滞納すると、一年未満の場合は有効期限が短い「短期被保険者証」に切り替わる。滞納が一年を超えると今度は「資格証明書」に切り替わり、医療費を十割自己負担したのちに、申請すれば保険給付分の医療費が戻ってくる。一年半以上滞納をしてしまうと、最終段階として十割自己負担のうえに保険給付分の医療費は戻ってこないことになる。

黒綿棒だけではなく、多くのホームレスが最終段階まで進んでいることが予想される。だが黒綿棒は奥歯の状態に限界を感じ、最終的には虫歯の治療を受けることができたという。もちろん、医療費の十割負担などできるわけはない。

日本には「無料低額診療事業」というものがある。経済的な理由によって必要な医療を受けることが困難な場合、無料または低額でその医療を受けることができる。黒綿棒もこの制度によって無料で歯を治療することができたのだ。

敷布団のおかげで劇的に寝心地がよくなった。相変わらずうだるような熱帯夜ではあるが、濡れタオルを目に被せて頭の後ろで縛ってみると、そのうちスヤスヤと眠りにつくことができた。私の自宅には表に「FUCK YOU」裏には「FUCK ME」と書かれたアダルトグッズのアイマスクがあった気がするが、つくづく、持ってこなくてよかったと思う。

途中、ドリルのように回転するブラシを搭載した高圧洗浄車が真横を通り、顔に泥のしぶきが跳ねて起きてしまった。深夜三時には「ヤマザキパン」のトラックがエンジンをかけたまま真横に停まり目が覚めた。もしかすると僕らにパンをくれるのか？　などと期待してしまったが、コンビニに搬入に来ただけだった。

そして早朝、五十発以上はあろうかという爆竹の音で飛び起きた。

さらに、高圧洗浄車、ヤマザキパン、爆竹という目覚まし三点セットは、毎日決まった時間に必ず作動するものだということが数日過ごすうちに判明したのであった。

衣服と生活用品の配給

七月二十五日。

ネットで「都内　炊き出し」と検索すると、場所と時間が一覧できる炊き出し情報にヒットする。そのページによると、今日は十四時から代々木公園南門で米軍による炊き出しがあり、その三十分後には別の団体が同じ場所でおにぎりをくれるようだ。

腹も減っているし自転車に乗れば二十分そこらで着くので行ってみたのだが、時間になっても炊き出しが始まる様子などひとつもない。三時まで待ったが結局、米軍も来なければ、おにぎりも食べられなかった。

都庁から代々木公園に向かう道はゆるやかな下り坂になっており、帰りは上り坂が続くことになる。ベースに戻った頃には頭痛と吐き気を催し、布団に倒れ込んでしまった。

昨日、布団を拾いに行った際に道で拾ったヤクルトを飲もうとしたが、よく見ると封が少し開いていて、中にアリが浮いていた。

一時間ほどして目覚めると、となりの黒綿棒が心配そうにこっちを見ながら声をかけてきた。

「しばらくいないようだったけど、どこかに行っていたの？」

「代々木公園で炊き出しがあると見たので行ってみたらやっていなかったんですよ」

「あー、ネットの情報でしょ？　僕も最初は観光案内所にあるパソコンで調べて行っていたのだけど、得てして、あれには騙されることが多いからアテにしないほうがいい」

コロナ禍で炊き出しが中止になっているケース、またはほかの諸事情で炊き出しが廃止されたとしても、その情報が更新されていないのである。そもそも、炊き出し情報をネットで周知しても意味がないという問題もある。ホームレスは私たちが思っている以上にスマホを所持してはいるものの、圧倒的に持っていない人のほうが多いからだ。

「これは僕がひとつひとつ足を運んで調べて作ったものなんだけど、今日本にある炊き出し情報としてはこれが最強だと思っている。コピーするなりして君も持っておくといい」

黒綿棒がくれた紙切れには、都内の西部と東部でエリア分けされた炊き出し情報が印字されている。役所の人間が配ったもののようだ。西部のほうには黒綿棒の字で細かく書き込みがされている。チェックが付いている炊き出しは、現在中止となっているという。

「ここに載っていない炊き出しもいっぱいあるから、君も見つけたら書き込んでおいてよ。ちょうど今も第二本庁舎の下でカレーを配っている団体がいるけどもう食べた？」

なんと目の前でカレーを配っていたとは。仮に米軍の炊き出しが健在だったとしても、わざわざ代々木公園まで汗かいて行く必要もなかった。黒綿棒と一緒にカレーを配っている場所に向かうと、すでにほかのホームレスたちは腹いっぱい食べたようで誰も並んでいなかった。カレーを配っているヤンチャそうな若い男性が黒綿棒に気が付いて言う。

「まだ食べるんすか（笑）」

黒綿棒は一杯目を山盛り、二杯目は大盛りにしてすでに食べ終わっていたようで、私に場所を教えるために一緒に付いてきてくれたのだ。

カレーも美味しかったが、それよりも氷漬けにされたペットボトルの麦茶がありがたすぎた。黒綿棒が腑に落ちない表情で私の麦茶を見ている。

「あれ、僕のときはその麦茶がなかったんだけどな……。おかしいなあ。それにカレーは代々木公園でサイババの団体が出しているカレーのほうがぜんぜん美味しいし」

カレーを実質三杯、無料で食べておいて言うことではない。となりの島野君に「都庁の下でカレー配ってますよ」と教えると、「辛いのが嫌いだからいらない」と言っていた。

「半分飲みますか？」

黒綿棒に麦茶のペットボトルを差し出す。

「いや、そういうことではないから。ホームレスから何かをもらうようなことはさすがにしないようにしている」

だったらそんなに見ないでくれよと思いながら、温まらないうちに麦茶を一気に飲み干した。ホームレスは水分補給の際、基本的に空のペットボトルを持ち歩き、そこに水道水を汲んでやりくりしている。そのためキンキンに冷えた水を飲む機会がほとんどないのである。黒綿棒も冷たい飲み物に対する想いを訥々と語り始めた。

「正直、今三百円を手に入れたら僕は食べ物ではなく間違いなく冷たい炭酸飲料とアイスクリームを買う。水道水もちょっとでも冷たいところで汲むようにしているんだ。夜はビルの中の水道水よりも公園のほうがちょっとだけ冷たい。でも公園は扱いが冷たい。上手いことを言っているようだけど、公園でペットボトルに水を汲んでいると冷たい視線を感じるんだよね」

一週間前までとなりにいたポン中が二千円を手に入れたときは、二人で浮足立ち、コンビニに買い出しに行ったという。黒綿棒は一・五リットルの三ツ矢サイダーとスーパーカップを買ってもらった。

「その二千円は何で稼いだんですか？」

「ボランティアに来ていたＮＰＯが千円ずつくれたんだよね。でも僕には行政からの手助けは受けないというポリシーがあるから彼に譲ったんだ。僕は無政府主義者だからね」

その千円で奢ってもらっていたら、自分もＮＰＯから金をもらっていることになる気がするが。その前に、ホームレスから何ももらわないようにしているという主義はどこへ行ってしまったのだろうか。

十六時二十分からボランティア団体が衣類や生活用品の配給を行うというので、再び第二本庁舎下に黒綿棒と向かう。すでに百人ほどの人たちが集まっており、スタッフと見られる大柄な男性たちとふれあい通りのボス（風）が、ハイエースからダンボールを何個も降ろし、地面に広げたブルーシートの上に中身を並べている。衣服、靴、タオルなどがメインで、みんなブルーシートの上に身を乗り出して何をもらおうか品定めをしているようだ。中には手に取って素材を確かめている人もおり、今にも鞄に入れてしまいそうである。

「触るな、触るな！　まだだって言ってんだろうがよ！」

ラグビー選手のような体型をしたスタッフが怒鳴りつけた。異様な光景である。しかし、この殺伐とした雰囲気だけではなく、何かがいつもの空気と違うのだ。なんだろうこの……。戸惑いを隠せない私に黒綿棒が耳打ちする。

「何かがいつもの都庁下と違うでしょう。今日の配給にはね、得てしてホームレスだけじゃなく年金や生活保護で暮らしている人も多く交じっているんだ。キムチのようなピーナッツのような、色んな匂いが混じっているでしょう」

言われてみるといつもと明らかに違うのは場に漂う匂いである。自分が抱いていた違和感が匂いだったということに妙に納得してしまった。

「いろんな生活をしている人が集まればいろんな匂いがする。野宿者というのは基本的に風が匂いをさらってくれるから、どうかすると生活スタイルによっては室内にいる人のほうが匂うってことがあるんだよね。とくに今の季節だとそれが顕著になる。じゃあ、僕はちょっと手伝いがあるので」

黒綿棒はそう言うと、スタッフやボス（風）の男に交じって準備を始めた。「みなさん、いらないからってゴミ捨て場に捨てないでくださいね！」とボス（風）の男に負けじといった感じで黒綿棒が大声でアナウンスをしている。炊き出しや配給の手伝いをさせてもらえるようになると、ホームレスの中での地位が上がるというムードがあるようだ。

また、黒綿棒が言うようにふれあい通りにはゴミ捨て場がある。とくに箱が置いてあるわけではないが、新宿NSビルの前にある電柱の前のスペースがその場所になっている。歩道のそのへんにみんなが好き勝手にゴミを捨てるものだから、第三建設が「こちらで回収するのでここにまとめて捨ててください」と周知したのだという。

大柄のスタッフが合図をすると、まずは一斉に衣服に群がった。目当てのスラックスが被り、引っ張り合っている人もいる。人垣の後ろからその様子を眺めていると杖をついた老人が話しかけてきた。

「見ろよ、アイツ。毎週だぜ。一人で三十枚も四十枚も袋に詰めて帰っていくんだ。自分で着る分ならあんなにいらないだろうよ。みっともねえ野郎だぜ」

古着屋にでも売るのだろうか。しばらく見ていると、ほかにも同じような目的の人が何人もいることに気が付いた。配給される衣服はクリーニング店でシミ抜きに失敗したものや受け取り期間を過ぎて廃棄することになったものが中心だ。「サトウ様」といったタグが付いたままの服も多い。

配給の時間が終わり、ダンボールがハイエースに積み込まれた後も、みんな何かを待つようにその場にたむろっている。私も待っているとハイエースから爆弾のように大きなおにぎりが出てきて、全員に二つずつ配ってくれた。

両手のおにぎりを頬張りながら、片付けの手伝いを終えた黒綿棒と合流する。

「みんなに怒鳴っていたラグビー選手みたいな男の人は何者ですか？」

「あの人もホームレスだよ。新宿駅西口の地下広場でいつも寝ている。聞いた話によるともう十年以上このへんに住んでいるらしい」

ふれあい通りのボス（風）の男に指示を出していたところから察するに、このラグビー選手のような男が新宿エリアで一番偉いホームレスになるようだ。

「この後十八時から代々木公園南門でクリシュナのカレーがもらえるけど行く？」

「まだ食べるんですか……？」

「どうかしたら僕はちょっとしたフードファイターくらいには食べるのでね。ただヒンドゥー教の炊き出しだから完全ベジタブル。肉がないのでどうかするとここから代々木公園を徒歩で往復する疲労を補いきれない可能性もあるけども」

正直言うと、カレーと爆弾のようなおにぎりでお腹がいっぱいである。しかも自転車を持っていない黒綿棒と代々木公園に行くとなれば必然的に歩きになる。もしも私が本当のホームレスだったら間違いなく断るだろうが、ここは付いていくことにした。

代々木公園のクリシュナ

衣類の配給時にボランティア団体からもらったチラシを読むと、「新宿に3Dネコ出現」というニュースが載っていた。新宿駅東口のビルに設置された大型の街頭ビジョンに3Dのネコが映し出されているというが、黒綿棒がチラシを読みながら憤っている。

「こういうの本当にいらないよね。今から通るトイレもすごいことになっていて、壁が透明で中が丸見えなんだけど、鍵をかけると一瞬で壁が曇って見えなくなる。それにウン千万とかかけるなら、もっといい使い道があるはずだ。そんな無駄な技術を開発している暇があるなら僕らみたいな貧困を救済せえよ」

「そんなこと言い出したら、日本にあるすべての金を貧困に注げみたいな話になってきませんか」

毎年多額の資金を使って大型FA補強をする読売ジャイアンツに、「そんな金があるなら貧困に苦しむ人を助けろ」と言っているようなものである。

「この国は得てして食品ロスなんかもすごいでしょう。やることなすこと全部無駄で搾取ばかりだ。コンビニなんてその権化だから本来足も踏み入れたくないのだけど、そういうわけにもいかないから困っているんだよね」

「コンビニなんて行くことがあるんですか？」

「君、それはちょっと失礼。コンビニのチキンスナックをたまに食べるんだ。炊き出しというのは得てして炭水化物に偏りがちで、タンパク質が不足気味になるからね。どこかで動物の肉を摂取することが必要になってくる。だけどもそれは同時に生物からの搾取という弊害ももたらす」

コーヒーやお茶には鉄分の吸収を阻害する作用があるらしい（黒綿棒談）。そのため、黒綿棒はコーヒーやお茶を飲まないようにしている。飲むと鉄分不足から肉を欲するようになるからだという。

「それに肉を食べると性欲が湧いてきてしまうからね。性欲はないほうがいいんだ、汚れだから。他人の施しで生きておいて盛っている場合じゃないし、太っている場合じゃない。地球の片側ではあんなに飢えていて、反対側ではホームレスがあんなに腹を出している。そもそも資本主義というルールの下に社会が成り立っていること自体が間違いであり、それが搾取を生んでいる。僕は公園とかを野宿者で占領して、ひとつの国家にしたほうがいいんじゃないかと思っているような人間だよ」

「じゃあクリシュナを食べたら一緒に新宿中央公園を占領しましょうよ」

「それができるなら苦労しないのだけど。社会のテクノロジー化も非常にマズい方向に行っている。言ってみればテクノロジーの塔のようなものが出来上がっているのだけど、その中で何が起きているのか誰も分からない。後戻りしたほうがいいと分かった頃には、塔の解体をすることができない状況になっている」

　代々木公園まではまだ時間があるので根気強く話を聞くしかない。

「そういった思想を体現しているのが、Mr.Children の桜井和寿でありワンピースの作者である尾田栄一郎」

「そうなんですか……？」

「というより、彼らに影響を与えたのが僕なので。今世界は監視・盗聴の機能がものすごいことになっているんだ。僕なんてその対象の代表みたいなもので、日々、思想やアイデアといったものたちが僕の頭から抜き取られているんだよ。彼らの作品を見るたびに、〝また抜き取られた〟と驚くよ、本当に」

私が返答に困り黙っていると、例の透明トイレに到着した。中に入り鍵を閉めると、黒綿棒の言う通り一瞬で全体が曇り、外が見えなくなった。そして用を足して外に出ると、目の前に立っていた黒綿棒がこう言うのである。

「すごいでしょ?」

代々木公園南門に着きクリシュナの行列に並ぶと、インド人と見られる男性が「ハレークリシュナ。クリシュナはインドの神様ね。はい、一緒に言って。ハレークリシュナ!」とスプーンを手渡してきた。

私はこれからタダでカレーをもらう手前、彼らの信仰には従うべきだと「ハレークリシュナ!」と言いながらスプーンを受け取ったが、黒綿棒は「宗教が人をダメにするんだ」と「ハレークリシュナ」とは絶対に言わなかった。そして、「毎回配るからゴミが増えて環境が破壊されるんだ」とスプーンも受け取らず、使い回している自分のプラスチック製のスプーンを紋所のようにインド人に見せつけたのであった。

クリシュナのカレーを二つもらったものの、満腹でその場ではとてもじゃないが食べられないのでベースまで持ち帰ることにした。黒綿棒はというと、ベースに着くまでの四十分ほどでペロリと二つとも平らげている。

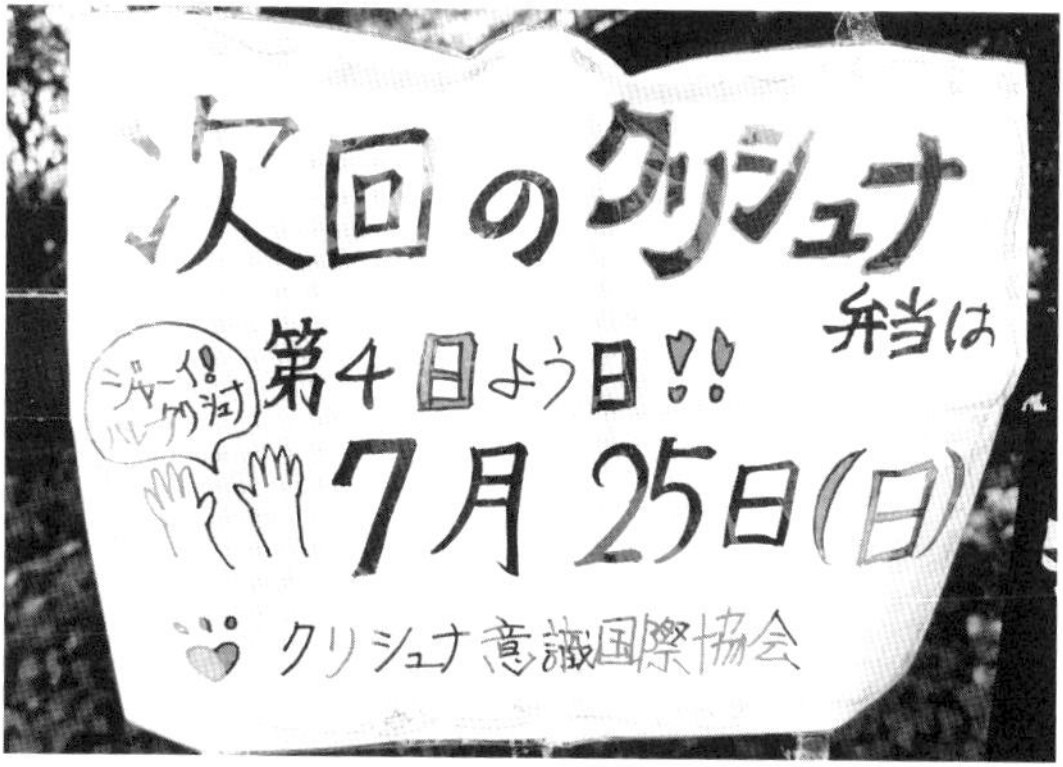

クリシュナの炊き出し告知とカレー

炎天下で、往復六キロの道のりを歩くのはかなり堪えた。脚が棒のようになってしまったので枕の上に脚を置いて横になっていると、暑さも忘れてしばらく眠ってしまった。黒綿棒の言う通り、カレー二杯分以上のエネルギーを消費してしまった感がある。

夜の九時に目が覚めると腹が減っていたので、布団の上でクリシュナのカレーを一つ食べた。黒綿棒がとなりから覗き込むようにして言う。

「計画的で偉いね君は。僕なんてもう手元に食料がひとつもない。ただそういう保存が効かない食べ物は得てして、その日のうちに食べきったほうがいい」

「一気に四杯も食べないで夜に残しておけばよかったじゃないですか」

「炊き出しが少ない平日はそうすることもあるけどね。どうかすると十五分後に白人部隊が食べ物を配りに来るものだから」

まるで打ち合わせをしていたかのように、九時十五分ピッタリに「今日モ元気ニヤッテマスカ！」と陽気な白人たちが登場した。手作りのサンドイッチとおにぎりとバナナとソイジョイ、そしてタバコの「わかば」までくれた。

彼らはＮＰＯなどの団体ではなく、個人的な活動として食料の配給を行っているようだ。ほかにもそういった一般の方は何人かいるという。ただ彼らは組織で活動しているわけではなく、来たり来なかったりするのでアテにしていると痛い目を見ることもあるらしい。しかし、この白人部隊だけは毎週決まった時間に必ず来るので、黒綿棒は完全にアテにしているようだ。

私は二日目にもらったアルファ化米やビスケットにはまだ手を付けていないし、白人部隊がくれたおにぎりとソイジョイも備蓄するつもりだ。平日は土日ほど炊き出しが多くないが、キリスト教の炊き出しが目立つ。黒綿棒はとなりですでに白人部隊がくれた食料を食い尽くしているし、「僕は決してキリストを崇めていないから」と、キリスト教系団体による炊き出しは拒絶している。

「次の土日までどうするつもりなんですか？」

「キリストを拒んでも炊き出しはゼロではないからね。通行人がくれることもあるし。それと、とっておきの場所が二つあるんだ」

一つは新宿三丁目にあるカフェの前に置かれたポリバケツだ。ヤマザキロイヤルブレッドの耳が七十リットルのバケツ一杯に廃棄されている。「どうかしたら貧しい人どうぞといった感じで置いてある」のでほぼ毎日通っているらしい。

もうひとつは代々木公園のある場所に積まれている一斗缶の塊だ。一般の人が見れば「なぜか一斗缶が並べられている」としか思わないだろうが、その中には大量の食料が入っている。いつも並べられている一斗缶が気になり、ためしに開けてみたのだという。

主にキリスト教系の団体が食料を入れておいてくれるのだが、余ってしまった食料をホームレスがプールしておく場所にもなっている。いらない食料があればこの一斗缶に入れ、飯に困ったホームレスがそれを持っていくという仕組みになっているのだ。
ただ、その一斗缶の食料をもらうということはキリスト教系団体の炊き出しを受けているることになるし、ひいてはホームレスからも食料をもらっていることになると思うのだが。

ふれあい通りの一角にも余った食材や衣類を置いておくスペースがあるが、こちらは箱がなくむき出しになっている上に食べかけや腐ったものがゴミとして置かれているケースがあり、ネズミやゴキブリがたかっていることもあるため手を付けないように黒綿棒から注意を受けた。

黒綿棒も一度だけではあるが、この一斗缶に食料を入れた経験があるという。ある日ベースに戻ると賞味期限が一カ月切れているチョコレートが大量に置いてあった。「期限切れのものを人にあげるってどういうつもりなんだ、犬じゃないんだから」とすべて一斗缶にぶち込んだのだという。

黒綿棒と「やっぱりタケノコの食感が一番恋しい」などとだべっていたら、いつの間にか日をまたいでいた。仮眠を取ったとはいえ今日は疲れたのでもう寝たい。しかし、黒綿棒は唐突に語り始めた。
「これは人に言わないようにしていたことなんだけど、僕はある日、生まれる前の記憶が蘇ったんだ」

まだ出会って二日目だ。いくらなんでも心を開くのが早過ぎである。

「お腹の中にいた頃の記憶ですか？」

「それは中間生記憶でしょう。それよりも前の記憶だ」

「せ、精子のときの記憶……？」

クルクルと旋回しながら何を想っていたのか教えてくれるのならぜひ知りたいところだ。

「違う違う。過去生、いわゆる前世。僕の最後の記憶は平安時代にまでさかのぼる。たぶん京都であったと思うのだけど、僕は真理みたいなものを求めて彷徨い、僧院でウパニシャッドという教典に辿り着いた。僕はその僧院で〝いかに搾取をなくして国に平和をもたらすか〟という教えを得た。その教えを世の人たちに広めようとしていた志半ばで死んでしまったんだ」

平安時代の僧院の風景、私も見てみたい。史料などに描かれたものなどは見たことがあるが、記憶として残る風景は視覚以外の情報も入り、まったく違ったものだろう。しかし黒綿棒は、前世の記憶にあまりにも憑りつかれ、また自己への過信から身動きが取れなくなってしまっているような気もした。

「この世界には記憶をつかさどるような存在がいて、そういう存在が自分の中にふと宿ることがある。あの人に今こんなことが起きた、といった知らせが自分にやってくる。

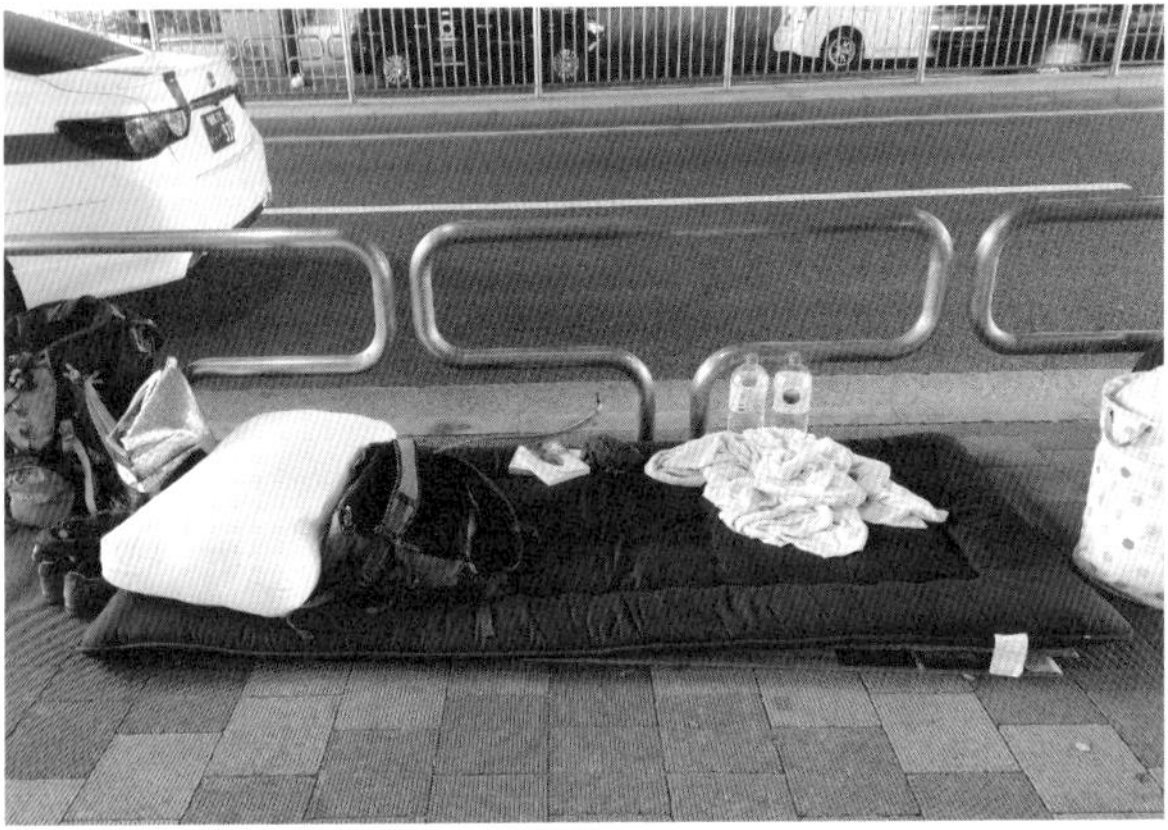
寝床はだいぶ改善したが、頭上のライトの光量がすごい

それこそ能力みたいなものなんだけど——

——」

私の瞼はほとんど落ちかけている。タオルケットを頭からかぶり、現世をシャットダウンした。

カップ麺のお湯問題

七月二十六日。

早朝、爆竹の音で跳ね起きるも昨日の疲れがまだ残っているせいかまだまだ眠れそうである。熱帯夜と朝の陽ざしのせいで首筋は練乳でも垂らされたかのようにベットリしているが、二度寝するほか選択肢はない。

九時頃目を覚ますと、真横を無数の革靴やパンプスが行き来している。恐ろしいくらいの通勤ラッシュだ。しかし、私たちに視線を送る人はほとんどおらず、風景の一部分になっているようで人の目は意外にも気にならない。ただ、それは寝たふりをするなどして、じっとしていればの話である。荷物を整理するなり、水を飲むなり、何か動きを見せると、「動いた！」といった視線が一気に集まる。

となりの黒綿棒はタオルを顔にかけ、やはり寝たふりをしている。組んだ脚が小刻みに揺れている。十一時までふたりで寝たふりをし、人通りが少なくなると、待ってましたとばかりに同時に動き出した。もう少しするとランチタイムがやってきてしまう。

「それにしても朝は朝で暑いし、蝉がとにかくうるさいですね。夏でこんなにへこたれていては冬なんて越えられそうにないですよ」

夏日陰で水を飲んでいれば死ぬことはないだろうが、冬の寒さは命にかかわってくる。凍死してしまうホームレスの話も聞いたことがある。

「路上で生活を始めてから気が付いたのだけど、得てして冬より夏のほうが辛い。冬はＮＰＯが寝袋や毛布、防寒着を配ってくれるので包まっていれば問題ない。でも夏は対策のしようがないからね」

私はこの黒綿棒の話を機に、ホームレスと話をするときは「夏と冬どちらが辛いか」と質問をするようにしたのだが、ほぼ全員が「夏のほうが辛い」と答えるのだ。その理由はやはり、「冬はＮＰＯやボランティアが防寒具をくれるから」だ。

防寒着は毎週やっている衣服の配給でもらえる。寝袋や毛布は基本的にキリスト教会の人たちがシーズンになると配り歩いてくれる。さらに黒綿棒はこう話す。

「前回の冬に一般人が善意でヨガマットを僕らに配って歩いていたのだけど、誰も受け取らなかった。寝袋と毛布があれば必要ないからね。荷物が増えるのも避けたいところだし」

被災地に千羽鶴を送るのは自己満足でしかないという議論が行われることがあるが、若干近い現象がホームレスの場でも起きている。あくまで、食べ物やヨガマットを配ってくれるのは善意によるもので、自己満足ではないかもしれない。ただ、現場がどういった状況になっているかはわかっていないのかもしれない。

「夏は対策のしようがないと言ったけども、ひとつだけいい場所を教えてあげる」

黒綿棒が教えてくれたのは、都庁の周りの歩道にいくつか設置されている排気口だった。しかし、全部の排気口から冷気が出ているわけではない。中には暖気が出ている場所もある。最も涼しいのは都庁前駅A4出口前の排気口で、次に涼しいのはA5出口近く、新宿中央公園沿いだという。

「ただ、あまり頻繁に涼みに行くと通行人に哀れみの目で見られるからほどほどにしてほしい。でもたまに涼んでいても誰も見てこないときもあって、逆にドキッとすることもある」

「意外と誰も僕らのことをジロジロ見たりしないですよね」

「そうなんだよね。ジロジロ見られるのも嫌だけど、まったく見られないのもそれはそれで悲しいというか……。周りの人々にとって、僕は透明人間なのかと思うときがある」

ベースに戻り、昨日もらったクリシュナのカレーを食べる。黒綿棒が「それ、まだいけるの？」と心配そうな目で見ているが、まったく問題ない。

しかし食べ終わる頃に、具の一部だと思っていた黒い粒々が蟻だということに気が付いた。たぶん、蟻を二百匹くらいは食べてしまったように思う。「アミノ酸が摂れて逆にいいじゃないか」と考えている自分にハッとした。だいぶホームレス生活にも馴染んできたようである。蟻にアミノ酸が含まれているかは知らないが。

再びベースに戻ると布団の上にカップ麺二つとコッペパンが一つ置いてあった。黒綿棒に聞くと、通りがかりの女性が「三人に」とくれたらしい。島野君はカレーヌードルをもらっていたが、辛いのが嫌いだったんじゃないのか。

「カップ麺のお湯ってどうしてます？」

聞くまでもなく私はコンビニにしれっとお湯だけ注ぎに行くつもりではあるが、一応、黒綿棒に尋ねてみた。

「コンビニはもはや僕らの顔を覚えているからとても行きづらい。水でも食べられないことはないけども非常に不味い。ビルのトイレに行けば三十六度くらいのお湯は出るけども三分後にはほぼ水になっている。ホームレスの間で人気なのはトイレとかに併設されている授乳室かな」

授乳室では粉ミルクを溶かすためのお湯が出る。温度は六十度ほどで、ギリギリ美味いカップ麺が作れるという。「冬は足を洗っているホームレスもいる」というが、衛生的には大問題である。

以前、黒綿棒がバスタ新宿の授乳室で身体を拭いていたときのこと。バスタ新宿の敷地内で、「女性が縛られている」という通報（この通報も謎だが詳細はわからず）があり、警官が駆け付けた。鍵のかかった授乳室を不審に思った警官にドアをノックされ、黒綿棒は思わず「すみません、今ちょっと」と声を出してしまった。

「今すぐ開けろ」と警官が外で騒いでいる。これは開けるまで終わらないだろうと悟った黒綿棒は観念してドアを開けた。中から出てきたのは擦り切れたズボン姿のホームレス感丸出しの男一人である。「ここ授乳室ですよ？」と、警官からキツ目の注意を受けた。

黒綿棒いわく、通行人からの差し入れを島野君が受け取るのは珍しいことだという。後日、どこからかもらってきた弁当を食べている黒綿棒を見て、「その弁当は新型コロナウイルスワクチンのボランティアがもらうやつだ！」と、通りがかりのおじさんがいきなり大声で指をさしたことがあった。

となりにいた私も戸惑ったが、さらに困るのは黒綿棒だ。「あ、はい……」と下を向きながら口の中の白飯を一秒でも早く呑み込もうとしていた。その弁当はおじさんの言う通り、ワクチン接種会場のボランティアが分けてくれたものであったが、その際も島野君は「いらないです」と断った。

「島野君は非常に気高いところがあるからね。〝俺は乞食なんかじゃねえぞ〟って感じなのかな。それと、彼が自覚してやっているかはわからないけども、通行人からの食べ物を断っていると、だんだん差し入れのグレードが上がっていくという現象が起きる」

黒綿棒によると、差し入れを断られた一般人が、次からもっといい差し入れを持って出直してくることがあるらしい。

「ある日、島野君に千円札をあげている通行人がいたんだ。でも、となりにいる僕にはくれないいんだよ。気が付かないフリをしたけど、内心〝嘘だろ〟と思っていたからね」

平日は土日に比べて炊き出しが少ないのでどうなることかと思っていたが、私の食料袋にはアルファ化米、白人部隊がくれたおにぎりとソイジョイにカップ麺二つとコッペパンもある。

明日は池袋にある通称〝うなぎ公園〟に行けば、「TENOHASI」という団体から弁当が二つはもらえる。黒綿棒を誘ったが、「池袋まで歩いて弁当二つは完全に損だし、五輪の交通規制がウザそう」と行こうとしない。この団体は月に十回ほど炊き出しを行っている（ネットの情報とは異なる）が、そのうちの二回、ものすごい量の食料をくれる日があるといい、その日だけ行けば十分だそうだ。

飯の心配をする必要もなくなり、することがなくなった。となりで黒綿棒が弾いているギターの音をひとしきり聴き、新宿住友ビルに涼みに行く。ここは冷房の効いたホールに机と椅子が並べられているので、私は重宝している。汗だくで不快なときに逃げ込むと、三十分ほどでシャワーを浴びたかのように身体がサラサラになる。

ホールで吾妻ひでお著の『失踪日記』を読む。この漫画は、吾妻ひでおが実際にホームレス生活を送っていたときのエピソードをまとめた漫画である。この生活が辛くて仕方がないときに読んで、やる気を出そうと持ってきたものだったが、あまりの暇さから早くも読み始めてしまった。

一時間ほどしてベースに戻ると、黒綿棒はタオルで顔を隠すことなくスヤスヤと眠っていた。島野君は夢中になってニンテンドーDSでドラクエをプレイしている。

「すれ違い通信とかあるやつですよね？」

「あるけど、それはやってないです」

島野君の声を聞くのは「辛いからカレーはいらない」以来の二回目である。持ち運びの充電器を持っており、毎回乾電池を買っているらしい。そしてこの島野君、「履き心地が気に入らなくて」と、サンダルをものすごいペースで買い替える。島野君がホームレスになったのは四カ月前だというが、その間に六回サンダルを買い替えている（黒綿棒談）。

八月の頭、どこかの新聞社がコロナ禍で苦しむホームレスとして島野君を取材し、記事にしていた。彼の後ろ姿が写真で載っていたのでweb記事を見てすぐに分かったのだ。

記事によれば、島野君は約四カ月前に工場の仕事をコロナ禍でクビになり、都庁下では炊き出しが豊富という情報を見てここへやってきたという。島野君は取材に対し、「五百円で毛布を買い、もうお金がない。今日の食事は確保できたので安心だが明日はどうなるか分からない」といった旨の発言をしていた。

サンダルや乾電池の金はどうしたのか。だったらなぜ炊き出しを断るのか。その記事では島野君の訴えを五輪批判や政権批判に繋げており、私はモヤモヤ感をぬぐいきれなかった。島野君の言動も腑に落ちないが、新聞も悲劇的な部分を切り取ってオピニオンの材料にしているだけではないか。

二〇二一年七月三十一日にBBCが配信した「[東京五輪] なるべく見えないよう……都心で排除されるホームレスの人々」という動画はSNSで広く拡散されたが、現場からすると失笑してしまうような内容だった。東京五輪によって不公平で非人道的なホームレス排除が行われているという。たしかに、東京五輪の開催が決まってから、国立競技場周辺のホームレスは立ち退きを命じられたが、何も「消えろ」と言っているわけではない。

僕らが何事もなく都庁下に住み続けているように、ほかにも住む場所はあるのだ。それを、排除された一部のホームレス、「五輪をやっている場合か」と声を荒げる一部のホームレスにスポットを当てて、悲劇的に報じている。実際の空気感とはあまりにも温度差があり過ぎるのだ。さらに海外メディアという点もどうも納得できない。日本に乗り込んできては結論ありきの取材をして、悲劇的に誇張した内容を世界に発信する。甚だ迷惑である。

ポツポツと雨が降り出し、そのうち高架下にも雨が入り込んでくるほどの暴風雨になってきた。今夜は台風八号の到来である。端にいる島野君が雨に濡れながらもその場を動こうとしないので、濡れない別の場所へ移動させてあげた。

「台風のときはどうしてるんですか？」

物憂げな表情で雨脚を見つめている黒綿棒に聞く。

「ここにいればまず問題ないのだけど、二年前の台風には太刀打ちできなかった。普段は追い出されるけれど、屋根のある都庁の敷地内にホームレスがみんな逃げ込んだんだ。次の日の早朝になると〝ほら、早く出ろ〟とかなりぞんざいに追い出されたけど」

二〇一九年の台風十九号のことである。この台風では多摩川に住むホームレスの男性が一人、濁流にのみ込まれて亡くなっている。

「やっぱり台風十九号が最大の危機でしたか？　二年もホームレスをやっていたら大変なことがいっぱいありそうですが」

「いや、一度ホームレスを辞めようと思ったくらいの出来事があったんだ。それがこの二年間での最大の危機だったね」

　ある日、新宿中央公園の周りをウロついていた黒綿棒は植込みの上に無造作にピザが置きざりになっているのを見つけた。横にはサイドメニューのフライドチキンもある。誰かの忘れ物だと思い、まずはチキンから食べていると、「それ俺のピザなんだけど」と若い兄ちゃんに後ろから声を掛けられた。しどろもどろになっていると兄ちゃんは、「なんならピザも食べていいですよ」と言って去っていった。

「まったく危機じゃないじゃないですか。ピザとフライドチキンを兄ちゃんにもらっただけの話じゃないですか」

「とんでもない。恥ずかしすぎてもうこの場所では野宿できないとまで考えたよ。その兄ちゃんがまた公園に来て僕を見つけるかもしれない。僕の場合、行政や宗教を拒んでいるから落ちているピザを食べてしまうわけで。つまり、今後も同じことが起きる可能性があるということだから」

　そんなにシャイならもう意地を張らずに行政も宗教も拒まなければいいものを、「それだけはできない」と黒綿棒は頑なだ（ＮＰＯの炊き出しなどは普通に受けているが）。しかし、路上で生活する上で危機というのは、そう頻繁にあるものではないのかもしれない。

暴風雨の中眠る気にもなれないので『失踪日記』を読んでいると、黒綿棒が「どうかしたら僕の漫画（『貧々福々ナズナさま！』）と交換とかしちゃう？」と言ってきた。結局、黒綿棒は深夜三時まで食い入るように『失踪日記』を読んでいた。

自身のホームレス生活を記した作品を本当のホームレスに一晩で二周も読んでもらえるなんて、天国の吾妻先生も作家冥利に尽きるだろう。

区役所の無料シャワー

七月二十七日。

雨は翌日の朝十時まで降り続けた。横から雨が入ってくるとはいえ、都庁の高架下にいればほぼ濡れないで済む。顔のすぐ横を車が走るのでタイヤが水を跳ねていくのだが、初日に拾ったダンボールを壁にすれば濡れることはなかった。

それよりも問題だったのは、台風が過ぎ去った後の快晴である。いくらなんでも照り過ぎである。

「そろそろ風呂に入りたくなってきたんですが、いつもどうしてるんですか？　私はいつも公園で身体を拭いているだけですけど」

黒綿棒に聞くと、顔に濡れタオルをかけたままモゴモゴと答える。

「僕もそうだよ。もはや足だけしか洗っていない。風呂という風呂にはシャワーも含めてもう五カ月入っていない。服を脱がないものだから、下着すら替えていない」

自慢のように言うことではないとも思うが、風呂に入れないのは辛い。

「下着も五カ月替えてないんですか……？」

「衣類の配給でくれるからね、限界まで穿いて捨てるって人が多いんだよね」

たしかに私もまだ一度も下着を替えていない。全裸になる機会がないのでどうしても後回しになってしまうのだ。

「僕の立場上あまりおすすめはできないのだけれど、新宿区役所に行けば無料でシャワーを浴びることができる。自分は自給自治という思想を掲げているので、行政の施しは受けられないのだけど」

この無料のシャワーサービスは新宿連絡会というＮＰＯ団体が行っている。新宿区役所第二分庁舎では平日、高田馬場にあるビルでは火曜と木曜に利用可能だ。シャワーだけではなく就労支援や生活保護支援、住宅確保支援なども行っている。二日目に都庁の下で行われていた衣類の配給もこの団体によるものだ。

私は早速、新宿区役所第二分庁舎へ行った。用紙に名前を書き、ビスケットをもらい、順番に並ぶ。シャワーの時間は一人二十分まで。五人ほど並んでいる。シャワーは一つしかなく、みんな時間いっぱい使うので結構な待ち時間だ。

炊き出しもそうだが、人が集まる場所は情報交換の場になる。この日は、「ダンボール手帳」の話題で持ちきりだった。求職受付票のことだが、路上で寝る野宿者のための手帳なので、通称ダンボール手帳と呼ばれている。これに登録をすると、月に三回ほど東京都から清掃の仕事をもらうことができる。公園などで高齢者が都のビブスを着てたまに掃除をしているアレである。

一回につき八千円弱（区によって変わる）の給料がもらえるので、三回行けば約二万四千円だ。仕事内容もかなり楽なようで、十時頃に掃除を始め十四時過ぎにはすべての作業が終わる。しかも休憩ばかりで実働時間にすると一～二時間、中には数分という現場もあるらしい。そのため、多くのホームレスがこのダンボール手帳に登録しているのだが、八月は求人がすべて休止しており、九月から再開するのだという。

私の財布にはまだ六千八百二十円残っているが、ダンボール手帳は喉から手が出るほど欲しい。飯は炊き出しで十分なので、二万四千円あれば月に五十回銭湯に行くことができる計算だ。ダンボール手帳は自宅がある私には登録することはできないが、もう風呂は気にせずに銭湯に行っていい気がしてきた。

ようやく順番が回ってきた。シャワールームは綺麗とは言えないがまったく問題なく快適に浴びられるレベルだ。シャンプーとボディーソープも備え付けられており、「タオルは持っていますか？」と聞かれたので言えば貸してくれそうだ。お湯で四日分の汗を思う存分流し、冷水で身体を冷やし続けた。二十分はあっという間だった。

シャワーのほかに無料で洗濯ができるサービスもある。シャワーと洗濯は一日おきに週に三回までだという。となると、どう考えても月・水・金に利用したほうが絶対にお得だ。

ベースに戻り、黒綿棒にシャワールームの報告をする。黒綿棒は一度も使ったことがないそうで「教えてほしい」と言うのだ。

「NPOのシャワーをどうしても使いたくないのなら一緒に銭湯に行きましょうよ。色々教えてもらっているのでそれくらい奢りますよ」

「いや、一緒に行くのはいいのだけどなんとか自分で展開していかないと。ホームレス同士で金の貸し借りをすると、どうしても貸したほうがホストで借りたほうが子みたいな関係性になっていく。今までもそういう失敗を何度かしてきたものでね」

都庁下で行われている炊き出しでは稀に銭湯券をもらえる時がある。黒綿棒も一度銭湯券を手に入れたが、前回風呂に入ったときのことを思い出して、チケットセンターに売ってしまった。湯船に入り髪を洗うと、お湯がドロドロと黒く濁ったそうだ。これで

無料シャワールームにはシャンプー等も備え付けられていた

は周りに迷惑がかかるので銭湯に行くのは気が引けるのだという。

「二年間もこの路上にいるけど、〝今日はうちでシャワーを浴びなさい〟みたいな色っぽい話が本当に一度もない」

通行人の女性がホームレスの男を家にあげてシャワーを浴びさせるなんて展開はまずないだろう。

「女性には興味があるんですね」

「通行人の脚を凝視していることがたまにある。相手が気付いてこっちを見てきても、凝視している。もう生身に飢えちゃっていて、無意識なんだよね。相手の視線で凝視していることに気が付くこともあるからね」

男である私は普段ホームレスからジロジロと見られた経験などないが、私の周りでもそうした経験がある女性は多いように思う。私も二カ月後には無意識に通行人の脚を凝視するようになっているのだろうか。

新宿三丁目のパン耳を拾いに

七月二十八日。

「この場所は人に教えていないのだから、あまりパシャパシャと写真を撮るのは止めてくれないかな。それと、素手で取らないこと。ほら、パン耳が落ちたからちゃんと拾わないと」

黒綿棒が、とっておきの場所のひとつである新宿三丁目のカフェにパンの耳を拾いに行くと言うので付いてきた。数カ月前、ふれあい通りのはずれでパン耳を食べているホームレスを発見し、分けてもらうようになったという。在処を教えてもらい、そのうち自分で拾いに行くようになった。そのホームレスは心筋梗塞か何かで救急搬送されて以来姿を見ていないため、このカフェを知っているのは自分だけだと黒綿棒は言う。

一概にホームレスといえども、人によって事情も異なれば懐事情も差があるし、胃袋の大きさも違う。私は食料袋に備蓄をしているが、大食漢の黒綿棒にはそれがないのである。

「パン耳を落としたりして荒らすとネズミが来るでしょう。そうするとカフェの人が嫌がってパン耳を出さなくなってしまうかもしれない。カフェの人には一応許可を取っているのだけど、すごいぞんざいな対応だったから。だから、ほかに人には教えないようにしているんだよ」

人に教えないぶん今から近辺のホームレスたちにパン耳を配って歩くという。私もパン耳をいっぱいに詰めた袋を両手に持ち、まずは新宿駅西口大ガード下に向かう。この高架下には最近まで十人近いホームレスがいたが、現在は七十代ほどの老人一人になっていた。以前は薄暗かったが、東京五輪期間になってから強力なハロゲン灯で煌々と照らされている。

「パン耳いりますか？　もうちょっといきますか？　悪くなりやすいのでちゃんと袋を縛って保管して、万が一当たったら捨ててくださいね」

「いつもありがとう」

老人が黒綿棒にお礼を言う。毎日のように配りに来ているようだ。次は新宿駅西口前にいるホームレスに配ろうとすると、「いらない」と断られてしまった。

「いらない理由ってあるんですかね？」

食料に困っていないであろうことはこの数日で分かってきたが、すぐに腐るものでもないのだからもらっておけばいいのにと思う。

「西口の人たちはどうかすると僕らよりも食えているから。人通りが多いので食料をくれる人も多いんだよ」

ふれあい通りは見事にスルーした。私もそうだが、黒綿棒もここの人たちには苦手意識を抱いているのだろう。

「あの場所は炊き出し以外にも君が食べた弁当みたいに色んなものが届くからね。ボスの顔したホームレスの家も、ダンボールハウスに見えて塩ビ管で骨組みを作っている。資金力がないとできない業でしょう。おそらく年金をもらっているのだとは思うけど、食べ物に困っていない人にパン耳をあげても仕方がない」

早速パン耳を食べてみる。捨てられていたとはいえ、カフェの人が僕らのためにとっておいてくれたものだ。汚れも付いていなければ腐ってもいない。しかし、パン耳だけをモグモグと食べるのは虚しい。口の中がボソボソしてくるので生ぬるい水道水で流し込む。

百円ローソンでブルーベリージャムを買ってベースに戻ると、黒綿棒と島野君がおにぎりと鯖缶を食べていた。通行人が手作りのおにぎりを十五個と鯖缶を五つもくれたのだという。島野君はおにぎり四個、私はおにぎり三個と鯖缶二個、黒綿棒はおにぎり八個と鯖缶三個を一気に平らげた。

あまりにも不平等ではないかとも思ったが、これ以上おにぎりをもらったところで食べきれない。明日までとっておいたら蟻にぎりになってしまうかもしれないのだ。

ホームレスが路上から見る夢

七月二十九日。

「僕は目的意識を持って路上生活をしているのだけど君には何かあるのかい？　このまままなんとなく路上に暮らし続ける展開は〝ダラ〟だからよくないと思うんだ」

することもないので黒綿棒とただひたすら語り合う日々が続いているが、最近はこの話ばかりになってきた。当然、「この経験を本にするつもりです」などと言えるわけもないので、「そろそろ働いたほうがいいですかね〜」と流すしかない。だんだんと黒綿棒が私に対してマウントを取ってくるようになってきた。

黒綿棒には明確なビジョンがあるという。平安時代の記憶から自分なりに導いた物事の真理や自給自治の精神、そのほか現代人が知るべき学問的事象を追求していくYouTube番組を作ることが夢のようだ。

「自らの表現を羽ばたかせたいんだ。でも活字での表現は許されない。第二次世界大戦時の新聞報道などはすべて嘘で、プロパガンダに利用されただけだ。活字をあてにする人間たちというのは得てして洗脳されやすいんだ。僕の言っていることは分かるかな？」

「はい、分かります」

「たとえば石油が地下から僕らの手元に届くまでの過程を君は説明できないだろう？そういったみんなの根源的な疑問を僕が代わりに現場まで行って解決したいんだ。でも、この番組を制作するにはいかんせん莫大な資金が必要になるから、スポンサーがいないと話にならない」

ならば炊き出しなど受けている場合ではない。映像制作会社などでアルバイトでもいいから働き始め、ディレクターを目指すなどすればいい。

「番組の規模が大きすぎるので、まずは小さい規模から始めてだんだん大きくしていけばいいんじゃないですか？」

「それが簡単にできればいいのだけど。９・11の話を君は知っているかい？　飛行機がビルに突っ込んだ映像は実はＣＧで作られたもので、テロなんて起きていない。これは百パーセント本当の話。阪神・淡路大震災と東日本大震災の話も教えてあげよう。九六年から日本ではデジタルハイビジョン放送が始まり、二〇一一年に地デジ移行された。つまり、デジタルへの移行と天災はリンクしているんだよ。これは何かのメッセージだ」

ホームレスが路上で延々と陰謀論を語る番組があったら私は間違いなくチャンネル登録するが、そういうことではないらしい。

「スマホ一台あれば、今からでも何か始められると思うんですけど。ふれあい通りのホームレスは東京都の wi-fi 使って YouTube とか見てるじゃないですか」

「路上から配信するということ？　それじゃ視聴者に特定されちゃうじゃないか。幡ヶ谷の事件もあったし、そこは気を付けないといけない」

二〇二〇年一一月、渋谷区幡ヶ谷のバス停で女性のホームレスが男に撲殺された。ホームレス生活をしていてわかったが、彼らはある程度固まるようにして生活している。この男のような人間からの襲撃に備えるためだ。

幡ヶ谷のバス停周りにはホームレスの村のようなものは見当たらない。そんな場所にポツンとひとりで暮らしていたらどうしても目立ってしまうし、標的にされやすい。その点、黒綿棒の「特定を避ける」という対策は理解できるのだが、表現者になるというのなら特定がどうのこうのと言っている場合ではない。

「ということは、職に就くなり生活保護を受けるなりして、まずは路上から脱さないことには何も始まらないんじゃないですか？」

「普通の仕事はしたくない。機械のような人間にはなりたくないから。生活保護なんて行政の施しのトップなのだから受けるわけがない。中途半端な存在として世間に広まってしまうと、幡ヶ谷の事件みたいになってしまうんじゃないかという一抹の不安があるわけですよ。大々的なデビューが約束されていたり、各方面にお膳立てがされていたりするのなら、自分の存在を拡散してもいいけれども」

　黒綿棒は初対面の日から私に「僕は表現者になりたいんだ」と話していた。ホームレスとして生きるための情報を教えてくれたお礼に、何か力になれればという考えが芽生えていたのだが、その気持ちも失せてきた。

「ならば、たまに弾いているギターで金を稼ぎましょうよ。せめて前にギターケースを置くなりしないと誰も金くれないですよ」

「あからさまに金が欲しい感じが出てしまうので好きじゃないな。一応、自給自治という精神で生活しているので。それに、ギターケースを置くにはオリジナルソングがないと見合わないと思う」

「じゃあオリジナルソングを作りましょうよ」

「自分でコードを組み合わせたことがないから、それはできないんだよね」

ホームレス支援と一口に言ってもホームレスにはいろんな人がいる。黒綿棒を支援するとなったら一体何をすればいいのだろうか。「これまでのお礼にスマホを一台プレゼントするのでそれで何かやってみては」と提案すると、「それでは主従関係ができてしまう」と拒まれた。

「あ～あ、スポンサーさえ登場してくれればすべてが一気に動き出すのにな。君ならこの状況、どう打開する？」

「どこかの会社に入って独立を目指すか、スマホ一台でまずは自分で始めてみるか」

「とにかく僕は自分が主体になりたい。それこそガリレオ・ガリレイのような存在になりたいんだ。彼は会社になんか入らないだろう。それと何度も言っているけど、考えていることが大きいからスポンサーなしでは何も始められない」

「スポンサーを付けたいなら小さな実績を提示しないと無理ですって」

「そんなことはないと思う。ある程度、熱意みたいなものと明確なビジョンがあればスポンサーはいくらでも付くと思うんだ」

ああ言えばこう言うとはまさに黒綿棒のことだ。ボランティア団体の人々からすれば黒綿棒も「ホームレス」に属し、救うべき対象になるのだろうが、同居人という立場からするとただただ鬱陶しい。果たして、私の心が冷たいからそう思うのだろうか？

黒綿棒が新宿に来た日

となりの住人と言うにはあまりにも距離が近すぎる黒綿棒。寝ているのか起きているのか、腹が減っているか満たされているのか。そんなことまで分かってしまうのだから、やはりこれは同棲である。

言い訳と理屈ばかりでかなり鬱陶しい男ではあるが、黒綿棒のおかげで都庁下でのホームレス生活に楽しみを見い出せたことは言うまでもない。あのまま、ふれあい通りの隅に寝ていたら、ただただ暗い日々になっていたことだろう。共に過ごす相手次第で生活の色は大きく変わる。それは普段いる社会においてもホームレスの世界においても同じである。

今日も黒綿棒は、「一日でも早く表現の側に移りたい。僕はそういう展開を目指して日々を生きている」などとブツブツ言っているが、そもそも彼はなぜここにいるのか。西成のあいりん地区もホームレスの世界も、「過去は詮索しない」という暗黙の了解があるが、ここまで近い存在になってしまえばそんなものは関係なくなる。

「二年前からここにいるって言ってましたけど、それまでは何をしていたんですか？」

オフィス街の人々が帰路につき、スケボー少年たちが続々と集まってくる夜九時頃、私は唐突に話を始めた。

それにしても、スケボーの音が耳障りである。毎晩、深夜二時過ぎまでずっとだ。東京五輪でスケボー人気が高まっているらしいがその影響だろうか。だとしたら、これこそ一番の五輪を理由にしたホームレス排除である。一度、あまりにもうるさすぎて「公共の場所だぞ、こっちは寝ているんだ」と思わず怒鳴りそうになった。路上で寝ている自分が言うことではないのでおとなしく寝たふりをしていたが。

「実家の部屋で、毎日テレビを見て音楽を聴いていただけだ。たまにアルバイトはしていたけども、高校を卒業してから十年以上そんな感じ。だけど自分にはやらなければならないことがあると思い立って、無一文のままヒッチハイクで東京を目指したんだ」

最後に黒綿棒を乗せてくれたドライバーの自宅が西新宿だったため、新宿中央公園で降ろされた。だから黒綿棒は新宿でホームレスになった。もし、上野で降ろされていたら上野でホームレスになっていたのだ。

大量の空き缶を運んでいたホームレスに話しかけると、「路上なんかにいないでとにかく役所に行きなさい、役所に」と説得された黒綿棒。「空き缶拾っている奴が言うなよ」とモヤモヤしたままその日は公園内で夜を明かし、それから二年間この場所にいる。

「オリンピックやってますけど、学生時代は運動とかしてました？」

外国人選手を乗せたバスがそのへんをよく走っているが、五輪の情報が路上に降りてくることはまずない。まだやっているのだろうか。

「小学生のときサッカーをやっていたけど、二十対〇で負けるような弱小チームの補欠だった。普通、点差が開いたら温情措置みたいなのがあると思うのだけど、小学生だからそれもなく。ズバンズバンとシュートが決まっていく様子を膝を抱えて眺めていた。そんな感じの運動神経だからクラスでもけちょんけちょんでしたよ。あ〜、思い出しちゃうなぁ」

「違う話にしましょう。こっちでは肉体労働とか行かないんですか？　あ、似たような話か」

私は二〇一八年に大阪西成区あいりん地区の飯場（肉体労働者の寮）に入り、解体の仕事をしていたことがある。その話はもれなく過去の著書に記したが、肉体的にも精神的にもとにかく辛い思い出しかない。

「あの仕事、人間扱いされないから嫌なんだよ。基本的に使い捨て要員みたいなものでしょう。およそ人としての扱いはされない」

運動神経にはわりと自信がある私でもあのあり様だったので、黒綿棒はさぞかし辛かったことだろう。

新宿駅西口の地下広場には手配師と呼ばれる男が数人ウロついている。彼らは、仕事を探していそうな人に声を掛け、主に肉体労働の現場に斡旋することで収入を得ている。黒綿棒も手配師に声を掛けられて拝島にある飯場に入ったが、三週間ほどで限界がきた。「辞めたい」と打診するも一向に辞めさせてもらえず、給料ももらわずに逃げてきたという。

「一日千円の前借り分しかもらっていない。そもそも、あんな仕事で得られる汚い金なんかいらないんだよ。貧困ビジネスの最たるもので、僕が忌み嫌う構造である搾取だからね」

「私が入っていた西成の飯場は一日四千円前借りができましたよ」

「え、マジで。そんなにもらえるの？」

初日に四千円もらったその足でトンズラする奴の反応である。

代々木公園の一斗缶へ

七月三十日。

テレビ局でディレクターをやっている知り合いが「ホームレス生活を見に行きたい」

と言うので、都庁下の私の寝床に招待した。取材のことを考慮すれば、両となりには気が付かれないようにこっそりと「昔のバイト仲間です」とでも言うべきだが、黒綿棒の将来のことを考えるとここは繋げてあげたい。今、私が黒綿棒にできる最大のお礼だ。

しかし、黒綿棒はこの提案を断った。ディレクターが寝床に来るとフラフラとどこかへ出かけてしまった。相手が望まないのであればありがた迷惑になってしまうが、熱意とビジョンを伝えればなんとかなるんじゃなかったのか。

その夜、黒綿棒が代々木公園の一斗缶へ食料を取りに行くと言う。相変わらず私の食料袋の中身は減る兆しがないが、空のペットボトルを手にサンダルを履いた。

「ディレクターにはなぜ会わなかったんですか？」

「いや、売り込むのって得意じゃないんだよね。だから、誰かが来てくれるのを待っているのだけどなかなか展開がない。これほどまでやりたいことが明確にあるのに、何もできないことが非常にもどかしい」

待つことしかできないのだから引き合わせようとしたのだ。

「それに、テレビ局まで資本が大きくなると自分の本当にやりたいことがそのうちできなくなってしまうんじゃないかな」

「じゃあ、やっぱりひとりで始めるしかないのでは」

「ひとりで小さいところから始めると、けちょんけちょんにされて終わるんじゃないかっていう一抹の不安もあるわけですよ」

それではもう何もできないではないか。私は黒綿棒の力になることはもうできないかもしれない。

「一度、スポンサーが付きそうになったことはあるんだ。住む部屋を用意してYouTubeのバックアップもすると、不動産屋の営業をしている男が打診してきたんだよ」

スポンサー契約をするにあたって、本人確認書類などが必要だという。不動産屋の負担で黒綿棒は中国地方にある実家に一時帰郷。そこで久しぶりの風呂に入り、湯船が黒いヘドロのようになった。

しかし、書類を持って都内に戻ると、スポンサーの話は消失していた。不動産屋の男はそんな話はハナからなかったかのように新居の手続きを進めようとする。

黒綿棒はこれを「ビジョンの不一致だった」と振り返るが、おそらく生活保護への勧誘だと思われる。低価な空き物件を多く所有している不動産屋が街で浮遊している私たちのような人間に声を掛け、生活保護を受けさせて自分たちの物件に住まわせるというケースはよくあるのだ。

「それ、生活保護の勧誘っていう可能性はないですかね」

「ないない。それは完全にない。笑っちゃうな」

五分ほど沈黙が続き、例の透明トイレに差し掛かったあたりで黒綿棒が「これは言わないほうがいいと思うんだけどな～」と語り始めた。

「ここだけの話、僕はもはや指名手配犯のような存在になっているので、大々的に表に出られないという事情もあるんだ。僕に関するあらゆる情報が管理側に垂れ流しになっている」

「管理ですか？」

「日本の公安警察と米国の連邦警察が僕を監視、盗聴して管理しているんだ」

国内のあらゆる施設と管理側が提携しており、黒綿棒が訪れた場所にいる人間が「対象が現れた」と公安警察と連邦警察に通報するのだという。目の前の小田急第一生命ビルと新宿住友ビルも管理下にあり、用を足しに黒綿棒がビルに入ると、たちまち警備員が無線を取り出すらしい。

黒綿棒は〝どうかすると〟統合失調症ではないのか。

さらに、「最近、ブックファースト（新宿店）も強力な管理下にあると判明した」と話す。黒綿棒は人気コスプレイヤーの「えなこ」のファンであるが、ブックファーストに訪れた際、えなこのグラビアが載った漫画雑誌が「おひとり様五点まで」と購入できる数が制限されていた。これは日本の公安警察からの「お前が普段えなこが載っている雑誌を読んでいるのを見ているぞ」というメッセージだと言うのだ。

黒綿棒が虫歯の治療を無料で行えたように、保険証がなくとも無料で精神科を受診する権利はあるだろう。自分で病院に行く可能性はまずないだろうから、同居人である自分が段取りして受診させるべきなのだろうか。本人が望まない限り「それは大変ですね」と聞き流しておくべきなのだろうか。精神疾患の専門家でもないので、私はどうすればいいかわからなかった。

しかし、二年間もこんな状況でありながら実家には戻らない理由を、「万物の流れがあの場所における自分の扱いをぞんざいにしてしまっている」と真面目に語るあたり、まだ笑える範囲の可愛いレベルなのではと私は安堵するのであった。

真っ暗な公園の中を進み、一斗缶の前に着いた。全部で十個ほど一斗缶が並べられており、開けてみると本当に食料が入っていた。主に保存の効く、アルファ化米、ビスケット、乾パン、介護食などだ。こういった食材はたとえば介護食であれば現場で消費期限の近くなったものが押し出され、僕らの手元に届くようなシステムになっているという。

介護食の炊き込みご飯が計二十袋くらいある。この中では一番味が濃そうなので全部持って行ってしまおうか。

「これを全部持って行くのはルール違反ですか？」

「そりゃそうだよ。まずは味見してみて、いけそうだなと思ったら二つか三つ持って帰ってくれよ。明日は土曜日なのだから、しばらくたらふく食べられるでしょう」

　味見をしてみると案外いけたので、黒綿棒を説得して五袋持って行くことに。さらに一斗缶を漁ると、ビンに入ったスパークリングのアップルジュースとグレープジュースが出てきた。フランスのもののようで、生ぬるい水道水しか飲んでいない身からすると喉が鳴るくらい美味そうである。

「アップルとグレープを一本ずつ持ち帰って、二人で飲み比べしましょうか。氷は近くのスーパーから私がもらってきます」

「二本はさすがにまずいって。二人で一本にしておこうよ」

　一リットルのビンをすでに両手に持っている私を見て、黒綿棒が動揺している。

「誰かが見てるんですか？　あ、これもアメリカの連邦警察が監視しているんですね」

「これに関しては監視されていない。だけどこういうことをしていると摂理みたいなものが働いて徳が減るんだ。君みたいに落ちている布団を拾ったりしているとね」

「人のピザ食った人に言われたくないですよ。ベルトなんか買い替えてないで早く島野君に三百円返したらどうですか」

　ボランティア団体の人にもらった五百円で黒綿棒はこの日ベルトを新調していた。私の黒綿棒に対する扱いもだんだんとぞんざいになってきた。

ホームレスが炊き出しに呈する苦言

七月三十一日。

翌朝、目を覚ますと黒綿棒が白い腕時計をしている。また誰かが金を恵んでくれたのかと思い近づくと、日焼けの跡だった。これまで付けていた腕時計の紐が切れ、時計自体もどこかで落としてしまったらしい。

いくら路上生活とはいえ時間がまったくわからないのは不便だと嘆いているので、「私はスマホがあるので時間くらいいつでも聞いてください」と言うと、主従関係ができるので聞かないという。

小田急第一生命ビルにあるファミリーマートの時計を見に行った黒綿棒が戻ってきた。一時間後に代々木公園南門でカレーの炊き出しがあるという。このカレーも肉が入っていないベジタブルだが、先週のクリシュナとは別の団体のようだ。クリシュナは毎週第二・第四土曜日開催なので、この日（七月三十一日）はお休みである。

この日の献立はこんな感じだ。

代々木公園でカレーを二杯食べる↓十四時から都庁下で食料の配給↓夜八時頃キリス

ト教系団体がパンを配りに来る→夜九時頃「スープの会」がスープを配りに来る

代々木公園でカレーを食べて食休みして戻ってくると、ちょうど都庁下の炊き出しが始まっているという。寝床にいても一日が長く感じるだけなので、今日も付いていくことにした。一体、都庁と代々木公園の間を何往復するのだろうか。

「この炊き出しには毎週行くんですか？」

「カレーと中華丼が隔週で出されるので、カレーのときだけ行くようにしている。できれば中華丼には当たりたくないので。ただ、不意に中華丼が二週続くことがあるんだよね」

黒綿棒が中華丼を避けるのは、ただただカレーのほうが好きだからという理由に尽きる。ホームレスは常に食べ物に困っているという先入観があったが、それは都内で生活するホームレスに限れば〝完全な〟思い過ごしであった。黒綿棒はこの日十四時から行われる都庁下の炊き出しにも苦言を呈する。

「トマトをさ、五個も六個もくれるでしょう。僕らは料理ができないのだからせめてプチトマトにするべきだとずっと思っている。どうかすると汁がほかの食料に浸食してしまう。でも捨てるにも捨てられないだろう」

たしかに、大粒のトマトを六個も渡されたところで保存も効かないので食いきれないのだ。そして何より飽きる。恵んでもらっている立場で言うことではないが、これがホームレスの本音だ。公園で鳩にトマトをあげているホームレスもいた。しかし、鳩もトマトは口に合わないようで手を付けていなかった。

すでに代々木公園南門前には行列ができていた。先頭には弁当が入ったダンボールが二箱あり、主催者が箱を開けると黒綿棒は中身を確認するために高校野球の伝令のように飛んで行き、「今日はカレーで～す！」と最後尾まで伝えに回っていた。さすがにお節介だろうと思ったが、黒綿棒と同様に「中華丼じゃなくてよかった」とホッとしている人が何人かいた。カレー弁当を二杯食べ、ベンチで食休みをする。

「一週間いると炊き出しのスケジュールがなんとなくわかってきます。わざわざ池袋まで足を延ばす必要はまったくないですね」

「そうでしょうとも。一回ここに住んでしまうとほかの場所に移ろうって気にはならないでしょう。雨風しのげて飯も食えて二十四時間ベースを張れる。ほかの場所がどうかは知らないけども」

私といえば、そろそろ都庁下を後にして上野に移動しようと考えているが、本当のホームレスだったらまず移動などしないだろう。上野に雨風をしのげる場所があるのか、飯は食えるのか、そういった情報がまったくない。そんなリスクを冒してまで移動するメリットが一つもないのである。

自転車がないホームレスであればなおさらだ。それなりに増えた荷物をすべて持って、上野まで歩いて移動する意味が一つもない。なんだか東京二十三区の西部と東部が、旧西ドイツと東ドイツのように分断されているような気になってくる。西部にいるホームレスにとって東部は未知の国である。

食休みをしてからベースに戻り、都庁下の炊き出しを受けると、たちまちすることがなくなった。「拾ったフリスビーがあるから島野君と三人でする?」と黒綿棒に提案されたが、働き盛りのホームレス三人がフリスビーをする光景など地獄でしかないので、二人で都庁の周りをぐるりと回ることにした。

これはホームレス生活をする前から気になっていたことだが、都内の路上にはキャリーケースが電柱に鍵でくくられていることが往々にしてある。新宿中央公園沿いを走る公園通りには、ブルーシート等で被われた荷物が固まっているが、これはふれあい通りに住むホームレスの荷物だったりする。

ではポツンと置き去りになっているキャリーケースは一体何なのだろうか。これらは、ホームレスたちが暮らす村からは少し離れた場所にあることが多い。

「こういうキャリーケースよく見ますけど、一体何なんでしょうか」

「ホームレスというのは得てして入れ替わりが激しいからね。生活保護に移行したりシェルターに入ったり、路上から出て行った人がこうやって荷物を置いていくんだよ」

路上から生活保護を申請した場合、全員がすぐにアパート等に入れるわけではない。生活保護受給者など生活困窮者を対象とした施設である無料低額宿泊所にしばらく入り、そこからアパートを探すことになる。そして、この無料低額宿泊所には入居者を囲い込み、生活保護費を搾取するような業者も交じっている。いわゆる、貧困ビジネスというものだ。

ホームレスと生活保護というものは非常に密接な関係にある。施設の環境に我慢できずに逃げ出して再びホームレスになってしまう人もいれば、アパートを契約したりドヤに住み始めたりするも、ほかの住人もほとんどが生活保護受給者であるため金の貸し借りなどのトラブルが発生し、再びホームレスを選択する人もいる。

路上に置き去りにされたキャリーケースは、そういった人たちが路上に残していった残骸である。再び路上に戻る可能性を見越して、鍵をかけるなり、村から離れた場所に置き漁られないようにするといった対策を取っているのだ。

日中は小田急第一生命ビルの吹き抜けで過ごし、夜は新宿駅西口地下広場で寝泊まりしている五十代くらいの女性も、つい最近まで生活保護を受けながらアパートで暮らしていたが、自分から打ち切り、ホームレスになったという。現在、収入はなく、私たちと同じように炊き出しに与りながら生活をしている。彼女が話す。

「生活保護はどうしても私に合わなくて。私はすぐにアパートに入ることができたのだけど、物件自体に問題があるのよね。その物件は登記がされていなくて。そんなところに住むのは怖いじゃない」

日本では建物を建てた場合、一カ月以内に登記をすることが義務付けられているが、登記をされていない「未登記物件」は多く存在する。厳密に言えば違法であるが、罪を問われるようなことではない。それは、登記という行為がそもそも、物件の持ち主を守るためのものであるからだ。社会問題に詳しい弁護士の大城聡氏が話す。

「日本では不動産は価値があるものだから、登記することによって〝これは自分の物件です〟と言うことができる。仮に第三者に物件を占拠されたときに、登記をしていれば自分のものだと証明ができる。となると、普通に考えれば皆登記をするわけで、分かりやすく言えば、登記もしていない人間が管理しているような物件には何らかの問題があるだろう、という推測は成り立つでしょう」

彼女はあまり多くを語りたがらなかったが、おそらく劣悪な環境の物件に嫌気が差し、路上に舞い戻ったのだろう。幡ヶ谷のバス停で女性ホームレスが撲殺されたように、やはり女性には男性よりも危険がつきまとう。

二〇二一年四月二十八日に公表された厚生労働省の調査結果によれば、全国のホームレスの内訳は、男性三五一〇人、女性一九七人、性別不明一一七人。この数値の信ぴょ

路上生活者の生活圏で見かけることの多いキャリーケース

う性は不明であるが、女性ホームレスのほうが圧倒的に少ないのは、現場を見ても歴然である。それだけ路上における生活は女性にとってリスクがあるということなのだろう。彼女も一人で目立たぬように大勢がいる場所に寝たり、交番の横に寝たりしているという。

散歩を終え、ベースで黒綿棒と話すなり、まったりするなりしていると、ホームレスたちにスープを配って歩く「スープの会」の人たちがやってきた。大学生くらいの青年と中年男性の二人組が私の自転車（今回の取材用にドン・キホーテで買った最安値のママチャリ）を見て、こんなことを言い出した。

「この自転車、すごいねえ。こんなにピカピカの自転車に乗っているなんて、君はカッコイイね」

幼稚園児の頃、両親に初めて買ってもらった自転車を近所の人に褒められたときのような感覚だ。なんだか子どもをあやすような言い方で非常に癪に障る。

中年男性がチラシを出し、普段している活動について話し始めた。となりの大学生くらいの青年は、「時間になったので戻りましょう」と小声で急かしている。青年は就職活動で「ホームレス支援をしていました」などと言うのだろうか。私がひねくれているような気もするが、そんな感情を抱いてしまった。

彼らが去ったあと、スープを拒否していた黒綿棒に聞いてみる。

「なぜスープを受け取らないんですか？　ＮＰＯだからですか？」

「僕はスープの会があまり好きではないんだ。僕が土曜の夜にギターを弾いているといつも彼らが集まってくるのだけど、その拍手や声援が子どもを褒めているみたいな感じに聞こえてとても不快なんだ」

私と一ミリも違わない感情を抱いている。聞くと同じようなことを思っているホームレスが黒綿棒の周りにも結構いるらしい。

上手く言葉には表せないが、「あなたも私たちと同じ社会で生きている」「あなたは一人じゃない」といった綺麗ごとのメッセージを強制的に受け取らされているような気分だ。何か一つでも認めてあげることで、「ホームレスのあなたも社会の一員である」ということを押し売りしている。私の場合それがピカピカの自転車だった。正直、「舐めるなよ」と思った。

スープの会とのやり取りもあってか、この都庁下でぬくぬくと過ごしている自分になんだか急に冷めてしまった。しかし、それが本当のホームレスたちにとっては「安住」という最も重要な要素であり、この場所から移動しない理由なのだろう。

それから数日経った八月四日の朝、私は黒綿棒にお礼と別れを告げ、自転車で上野へ向かうことにした。黒綿棒は最後、私にこう伝えた。

「君と僕は気質が同じだと感じている。お互いに物事は開かれるべきだという認識があるだろう。ホームレス社会と一般社会の風通しに対する考え方が近いので、ここまで気軽に話せる関係になったのだと思う」

黒綿棒、私もまったく同意見だ。社会に背くように塞ぎ込むホームレスであれば、私はあまりコミュニケーションを取ろうとしないだろう。もし将来、自分が本当のホームレスになることがあるとすれば、この考えのもと路上生活を送りたいと思っている。

上野に着いて一段落したら、まずはこの約二週間一度も洗わずに酷使した、雨に濡れたときの犬の臭いがするタオルを石鹸で洗うことにしよう。黒綿棒にそのことを話すと「僕のタオルは犬を通り越してカブトムシの臭いになっている」と笑っていた。

2章 東京東部編

上野駅前で寝床探し

八月四日。

上野駅に着き、正面玄関口、その裏の高架下、上野公園を見て回るも、都庁下のようにダンボールハウスを構えていたり、ダンボールや布団を敷いて寝ているホームレスが見当たらない。

上野といえばホームレスのメッカと呼ばれる場所だ。バブル崩壊後の不況時、上野公園には六百人を超すホームレスが住み着き、ブルーシートで覆われたテントが立ち並んでいた（『ホームレス入門 上野の森の紳士録』風樹茂著より）。

私は上野という街には馴染みがある。以前は屋根の付いた上野駅正面玄関口前の通路に何人かのホームレスが寝床を並べていた記憶があるが、追い出されてしまったのだろうか。おぼろげではあるが、彼らを見かけるのはいつも夕方から夜にかけての時間帯だったような気がする。

裏の高架下はバス停前ということもあり布団を敷くような場所がほとんどないが、ホームレスのものらしき荷物も置いてあるので先客がいそうだ。上野公園には雨風をしのげるような場所はあっただろうか。私はカッパもブルーシートも持ち合わせていない。

上野駅前。日中はホームレスらしき人影がない

寝るならやはり屋根のある駅前通路にしたいところだ。

上野公園のベンチで時間を潰し、夕方五時頃、再び駅前通路に向かった。今夜寝る場所が決まっていないという状況はこんなにもホームレスを不安にさせるのか。急に天候が変わり、どしゃ降りの雨になる可能性だってあるのだ。

幸い駅前通路では十人ほどのホームレスが敷いたダンボールの上に座り、酒を飲みながら惣菜などをつついていた。どうやらこの場所は都庁下とは異なり、二十四時間ベースを張ることは許されていないようだ。

敷布団を抱えて空いているスペースを探していると、麦わら帽子をかぶった老人が「兄ちゃん寝るところがないんだったらそこの空いている角で寝ていいぞ」と左手に持った扇子で場所を指した。だが、その角にはいつも寝ているホームレスがこれから来るようで、私は通路の真ん中に立つ柱に沿うようにして寝床を構えることにした。

　最も寝やすそうなのはチェーンで囲まれた壁際のエリアである。ちょうどベッドと同じくらいの幅でチェーンが張られており、そこにすっぽりと入るようにしてみんな寝ているので、なんだか納まりが良さそうなのである。目印があるわけではないが、このスペースはこのホームレスといったように、ある程度土地の主が決まっているみたいだ。

　麦わらの老人が私の向かいに寝床を構えるホームレスの〝四郎〟に小銭を渡すと、四郎がチューハイとコーラを一本ずつ買ってきた。なんとコーラは私が飲んでいいのだという。六十代半ばほどの四郎が、「お礼を言っておけ」とコーラを渡してきた。

　礼を告げると麦わらの老人は「兄ちゃんはまだ若いんだから仕事せんと」と私の肩を叩きどこかへ帰っていった。四郎に聞くと、麦わらの老人は以前この場所で寝泊まりしていた元ホームレスで、現在は生活保護を受給しどこかのアパートに暮らしているという。

「兄ちゃんは韓国のりとか食べないの？」

　四郎が十二枚入りの韓国のりを一袋私にくれた。上野公園の奏楽堂前では、火、木、金、土の昼間、韓国系のキリスト教会が炊き出しをしている。韓国のりはその余りとの

上野駅前通路の様子。チェーンの内側が寝床になっている

ことだ。今日新宿から上野に来たばかりだと話すと、四郎が「大事なことがある」と上野の路上で寝る際の心得を教えてくれた。

「上野っていう街はな、本当に手癖が悪い奴が多いんだ。盗みを専門に生活をしているようなホームレスが何人かいる。携帯電話、財布、身分証、取られて困るものは寝るとき絶対に身体から離さないこと。腹に抱えるか枕にして寝ないとダメだからな」

私のように何も知らずにフラッとホームレスになったような人間が、よく油断して貴重品を盗まれるのだという。

私の後方で寝ているホームレスはつい先日、鞄に入れていた現金九万円を持って行かれたらしい。いつもは貴重品入れを枕にして寝ていたが、盗まれたその日だけたまたま脇に置いていた。つまり、常に巡回して荷物を狙っているホームレスがいるということだ。

アメ横で飲んだ帰りの酔っ払いが絡んでくることもある。火が付いたままのタバコを投げ付けてきたり、近くで立ち小便をしてそれが寝床に浸食してきたりすることもある。昔は「ホームレス狩り」などと呼ばれ、ダンボールハウスに花火を入れられたり、リンチされて殺害されたりといった事件が多発していた。

そういった危険は昔に比べれば激減したという。しかし、幡ヶ谷の女性ホームレスが撲殺され、二〇二〇年三月には岐阜県のホームレスが朝日大学の学生を含む五人に殺害されるなど、依然として一般人からの襲撃の危険はある。四郎がさらに熱を込めて念押しする。

「周りに誰もいない場所には寝ないこと。みんなが寝ている場所に寝るんだ。誰かに一言声を掛ければ大丈夫だから。頭のおかしい人間っていうのは一定数いるんだから、本当に殺されるかもしれないぞ」

「俺は一銭も金がないから関係ないけどよ、兄ちゃんの金が取られるのは嫌だからな」とまで言ってくれた四郎。上野では四郎に付いていくことにしよう。お互いに助け合って生活すれば、より快適に、そして黒綿棒との同棲生活のように楽しいものになるはずだ。

　これから始まる上野での生活に前向きな気持ちでいた私だが、そこに水を差す男が現れた。名前は岩城京太郎。職業は手配師だ。西部編でも触れたが、手配師は街で仕事を探していそうな人に声を掛け、肉体労働の現場に斡旋することで収入を得ている人たちだ。昨日まで誰もいなかった場所にいきなり二十代の男が布団を敷いていたら、声を掛けるのは当然だろう。

「どうしたお前よー。こんなところに布団なんて敷いちゃってよー。遊びに来たのかー？」

　京太郎が私の布団の前に屈み、目線の高さを一緒にして覗き込んでくる。距離も近い。医者が患者の胸に聴診器を当てるときくらいの近さだ。

「い、家がなくて」

「こんなところによー、布団なんか敷いてたらよー、人に見られてばかりで嫌な思いしかしないだろー。働く気があるなら紹介するけどよー。俺が紹介する現場は自分の部屋もあるぞー」

　一定のリズムを保った京太郎の独特な話し方が私の返答を急かす。完全に見下されているが突き放しもしない口調が自分を惨めにしていく。

「い、今はちょっと休みたくて」

「これぱっかりは気持ち次第だからなー。お前、今いくつだー？」

「に、二十九です」

「まだ二十九で身体が動くならよー、働かないといけんと思わないのかよー」

ぐうの音も出ない。黙って下を向いていると、「まあ働く気になったらいつでも声かけろよー」と、駅構内に消えて行った。

この駅前通路は風通しがいいようで、ときおりスーッと風が空中に漂った熱気をさらっていく。都庁下ではそんな一瞬もなかったので、その日の天気も大きく関係してはいるだろうが、終電が過ぎるとすぐに眠りにつくことができた。

しかし、むごい熱帯夜であることに変わりはなく、二時間もしたらうなされるように目が覚めた。顔の横をチョロチョロとネズミが走り回り、テケテケとゴキブリが這い回っている。今気が付いたが、ネズミという生き物はまったく足音を立てないみたいだ。

四郎の顔の真横でネズミが何かを抱えて食べているが、四郎はまったく起きる気配もない。ゴキブリが別のホームレスの頭のあたりにできたダンボールの隙間にスッと入り、出てこなくなった。私も眠りにつき、意識を失えば同じような有り様になっているのだろう。ネズミがいるなら普通ゴキブリは怖がっていなくなるんじゃないのか。そんなことを考えながら、再び眠りについた。

手配師が私を惨めにさせる

八月五日。

朝の四時半、周りのホームレスたちが荷物をまとめる音で目が覚めた。清掃員がゴミ袋をチェーンに結び付け、ホームレスたちはそこへゴミを捨てている。「いらないダンボールがあれば袋の横に置いておけば片付けてくれるからな」と四郎が言う。

その辺にぶん投げられるのも困るので、駅側がむしろそうしてほしいと提案してきたことのようだ。都庁下を管理する「第三建設」と同じ意向である。

「朝六時から駅の清掃が始まるからそれまでに荷物を全部どかすように。今日もここで寝るなら夕方五時頃にまた来ればいい」

そう言うと、四郎は紐で縛ったダンボールを持って裏の高架下へ立ち寄り、上野公園の不忍池に移動した。高架下にあるフェンスとガードレールの間には、使い古したダンボールの束やキャリーケースなど、ホームレスたちの荷物が大量に挟まっている。軒並み撤去命令の紙が貼られているが、期限が来たらまた別のところに移すのだろう。

上野公園周りの道路など、ホームレスが保管している荷物の群はあちこちにある。四郎の場合、ダンボールは高架下に、キャリーケースなどの大きな荷物は東京国立博物館

フェンスとガードレールとの間に置かれたホームレスの荷物

前のガードレールに括り付けている。私は敷布団やバックパックを自転車に括り付け、上野公園内に設置された臨時無料駐輪場に停め、夜はその自転車を押して駅前通路に行くことにした。

東京五輪の開幕によって路上に保管された荷物が撤去されることもなければ、寝床の確保に関しても何も影響はない。五輪が近づき、「そのうち駅前通路や上野公園で寝られなくなるのでは」という噂がホームレスの間で立ったと四郎は言うが、そんなことは一つもなかったという。ただ、駅前通路も上野公園も五輪関係なしに、テントや小屋を立てればすぐに警察が飛んできてたちまち追い出されるとのことだ。

昼の一一時、四郎が教えてくれた上野

公園の奏楽堂前に行くと、すでに百五十人くらいの人たちが集まり、炊き出しが始まるのを待っていた。

行列に並んでいるとスタッフが番号札を渡してくれる。その番号順に今度は五列ほどのレーンに並び直すと、四十分後に自分の場所に戻って来いと言われた。すると、みんなチラシやらビニール袋やらを小石を重石にして目印にし、公園内のベンチなどに掃けていった。時間が来たら、自分の目印に戻ってくるのだ。

この点については記憶が曖昧だが、そんな感じのシステムだったように思う。火・木・金・土とそれぞれ団体が変わるので、日ごとに並ぶシステムが若干異なるのだ。

しかし、目印にしているものが何のデザインも入っていない白いビニール袋であったり、落ち葉だったり、中には石だけ置いているような人もいるので、当然ではあるが見間違うことがある。

そのため、「これはお前の目印じゃないだろう」と、六十代くらいの男性が二人揉めている。

「どうせ二周はもらえるんだからそんなのどっちでもいいじゃねえか」

カラフルなYシャツを着た小綺麗なおじさんが仲裁に入った。都庁や代々木公園と同じく、上野公園も一度の炊き出しで少なくとも二周は貰え、それ以上貰えることもあるようだ。

待機列に目印として置かれたチラシと重石

黒綿棒は「キリスト教系団体の炊き出しというものは得てして、牧師の説教を聞かないと飯がもらえないんだ」と話していた。この炊き出しでも代表と見られる男による説教が始まった。公園に来てすでに一時間以上が経っている。気温も三十六度はあるんじゃないだろうか。

「一人一人がこの暑さの中で神様の御言葉を聞こうと来ました。父は一人一人を慰めてくださり、神様の御言葉を聞いて力を得ることができるように子を導いてください。一人一人を祝福してくださり、誰一人として熱中症にかかることなく主がその健康を守ってくださることを切に願います。そして今日神様の御言葉を聞いて――」

説教は三十分以上にも及んだ。話の区切りが付いたと思ったら、またそこから別のテーマで熱弁が始まる。行列からは「アーメン……」「ハレルヤ〜」と力のない返事が野次代わりに聞こえてくる。

これでも説教の時間は短くなったようで、コロナ禍前は一時間半も説教が続くこともあった。中には七十歳を超すような高齢者もいる。本当に熱中症で死んでしまうんじゃないか。

「では順番に食べ物を受け取ってください」と誘導が始まると、「やっと始まるか」という大勢のため息で場が包まれる。私も自然に大きなため息をついてしまった。効果音として録音すればこのままテレビで使えるくらいの出来栄えだ。

上野公園での炊き出しで手に入れた食料

手に入れた食料は、おこわ三パック、ビスケット二袋、パン三つ。これで二日は腹が持ちそうだが、明日も明後日も同じ場所で炊き出しがある。

夕方の五時まで公園を散歩したりベンチに座ったりしながら、時間が過ぎるのを待つ。二十四時間ベースを張ることができない上野のホームレスたちは昼間何をしているのだろうと思ったが、自分も同じ立場になればすぐに分かった。私と同様、周囲を転々としながらひたすら時間が過ぎるのを待つのみである。

東京都美術館は入館時に持ち物検査をしていたが、建物に入るだけなら入館料がいらない。クーラーの効いた空間で涼むにはベストな場所だ。

結局、五時までは待ちきれずに四時過

ぎには駅前通路に戻ってしまったが、四郎も含めすでに五～六人のホームレスがいた。

街でたまに見かけるホームレスがどんな生活をしているのか。家のある私たちにはなかなか見えてこないものであるが、実際に自分でやってみると手に取るようにわかる。暮らしている環境は大体同じなのだから、行動も似てくる。暑ければどこかに涼みに行くし、時間が余れば潰すだけだ。

駅前通路に布団を敷き、目の前を通る人々を眺める。自分くらいの年代の男が駅前に布団を敷いていたらやはり目立つようで、不思議そうな顔で見ている人もいれば、「この人には何か深い事情があるのでは」といったような懐疑と憐みが混じったような顔で見る人もいる。主に前者は男性、後者は女性が多い気がした。

辺りが暗くなると手配師の京太郎が現れた。上野には二十人ほどの手配師が常駐しており、朝・昼・夜と時間帯で訪れてくる人が決まっている。京太郎は毎晩この辺りにいるようである。

「今日もいるのかよー、働く気になったかよー」

京太郎は私に声を掛けると、向かいにいる四郎の横にしゃがみ込み、通行人を物色しながら働き手を探している。

すると外国人のボランティア団体がやってきて、駅前通路のホームレスに食料を配り始めた。京太郎のこともホームレスだと勘違いしたらしく、「お、俺はホームレスじゃないからそんなものいらねーよー」と苦笑いしている。

外国人たちは順番に食料を配り、ついに私のところにもやってきた。京太郎はジッと私のことを見ている。そんなに見ないでくれ。もらったらまた何か言われるだろうし、ここで断ったら断ったで、京太郎の思うツボだ。

「アナタ、この前まで新宿にイマシタヨネ?」

都庁下でバナナとサンドイッチとおにぎりとソイジョイとわかばをくれた白人たちだった。「また会えてウレシイ」「元気でヨカッタ」と笑顔で食料をくれたが、その慈悲が今は逆に辛い。「働かないくせに困ったフリして」という顔で京太郎がこっちを見ている。白人たちがいなくなるとすぐに京太郎が目の前にやってきた。私はもらった食材をすぐに鞄の中にしまい込んだ。

「お前よー、ボランティアなんかにタダ飯なんかもらってよー、情けないと思わないのかよー。ああいうボランティアがいるからよー、ホームレスがいなくならないんだよー。働けるのに働かない奴がいっぱいいいるんだよー。お前もよー、いつまでもこんな生活続けるわけにもいかないだろー。仕事がしたくなったらいつでも声をかけろよなー。頑張れよー」

ここで私を突き放さずに最後に「頑張れよ」と声を掛けてくるあたり、こちらの心理を熟知している。ボランティアにタダ飯をもらっている一部始終を見られて、その上応援なんてされて、それでも一向に働こうとしないのだ。一気に惨めさが増した。

　京太郎がいなくなったことを確認し、保存の効かないおにぎりから食べていると、京太郎がまた駅前通路に戻ってきた。私は急いで食べかけのおにぎりをラップに包み、鞄に押し込んだ。

　京太郎が「じゃあなー」と言って帰ると四郎が私に忠告する。

「あの手配師は毎日ここに来るけど、口が上手いから言いくるめられないように気を付けろ。行きたくもない現場に行く必要なんてないんだからな」

「ここで寝ている人たちは手配師に付いて行って仕事をすることもあるんでしょうか」

「若い人は行くこともあるけど、六十過ぎちゃうとなかなか雇ってくれないよ。怪我されても困るから遠慮してくれっていう業者が多いんだ」

　働けるのに働かないホームレスもいれば、働きたくても働けないホームレスもいる。黒綿棒や島野君はドンピシャで前者になるのだろうか。

　しかし、黒綿棒もあの調子では現場仕事はまず無理だろう。島野君も性格的に現場仕事は相当なストレスになるはずだ。私は西成のあいりん地区の飯場に入り、解体の仕事をしたことがあるが、現場仕事は二人のような周囲にうまく馴染めない性格を理解し受け入れてくれるような雰囲気ではまずない。黒綿棒が「人間扱いされない」と評したように、島野君も同じような扱いを受けるだろうし、今までもそのような扱いを受け続け、働くことが怖くなってしまったのかもしれない。しかし、だからといって、仕事がないと困った顔をして人の助けで生き続けて楽しいわけがない。二人のような人でもなんとかなるような場所があればいいのだが。

「じゃあ、六十歳以上のホームレスはもうずっと路上にいるか生活保護を受けるしか選択肢がないんですか？」

「そういうことになるよな。でも生活保護なんて俺たちに比べたらいい生活してるんだ。月に十二万か十三万もらってそこから家賃を出して、携帯電話を持って、酒を飲んで、金がなくなったら炊き出しに行って。炊き出しなんてどこへ行っても九割は生活保護なんだから」

九割という数字をどこまで信じていいかわからないが、炊き出しに来ているほとんどの人がホームレスではなく生活保護受給者というのはあながち間違いではない。二カ月間、ありとあらゆる炊き出しに参加したが、それは私も肌で感じたことだ。

実際に炊き出しに来ている人たちと話してみても、明らかに生活保護受給者がメインで来ているというのは実感できる。それが悪いというわけではないのだが、炊き出し＝ホームレスという強いイメージが以前の私にはあった。中には「生活保護はお断り」と、参加者にどこの路上で寝ているのか聞くような団体もある。

生活保護を受けていても炊き出しに行く権利はあるだろう。飯に困った一般人が並んでいることもよくある。しかし、国から「最低限度の生活費」をもらっている以上、その中で全部やりくりしてほしいという意見も理解はできる。

では上野にはホームレスがほとんどいないのかというとそういうわけでもない。バブル崩壊後、上野公園に六百人のホームレスがいた時代とは比べ物にはならないが、上野公園と駅前を合わせただけでも五十人程度（目測ではあるが）、ドヤ街である山谷地域やそのほかのエリアにも点々とホームレスがいる。

東京都が二〇二一年一月に都内で行った概数調査によると、台東区の路上生活者数は三十四人となっているが、実態を表した数字ではないだろう。

話を聞いていると、どうやら四郎は生活保護受給者のことを「楽をしている怠惰な人」と見ているようだ。それは四郎が見ている生活保護受給者たちがそうだというだけだろう。支給された金を使い切ってしまった人たちが炊き出しに来るのだから、必然的にそうなる。

そうしてホームレスたちは生活保護というシステムに対してマイナスなイメージを抱いていくのだ。

「生活保護を受けない理由はあるんですか？」

「俺はまだ身体が動くんだから、税金で食うなんてダメだろ。ただ人それぞれじゃないか。人に言えない事情がある奴もいるだろうし」

生活保護を受給しながら裏で日雇いの仕事をし、月収は二十五万以上などという受給者はドヤ街などに行けばゴロゴロいる。生活保護を受給していても働くことは可能だ。しかし、生活保護は最低限度の生活を送るために足りない分を援助してもらう制度であるため、収入があれば申告しなければならない。申告しなければ生活保護の不正受給ということになり、支給が停止され、その後は保護申請をしても却下されるといった話も聞く。

四郎が続ける。

「生活保護をもらい始めてすぐに家賃をトンズラして逃げる奴とかな。そして金がなくなったら申請する区を変えて同じことを繰り返す。でもそんな方法そのうちバレて、保護申請が通らなくなるんだよ」

指名手配を受けているため、役所で保護申請をすればたちまち逮捕されてしまうといったドラマチックな理由もあるかもしれないが、四郎の言う通り、人によって事情は異なる。

「みんな事情があってこういう生活しているんだから人の事情は聞かない。そんなこと聞いてもしょうがないだろ」

四郎は帽子を深く被り、目をつぶってしまった。

上野のホームレスは手癖が悪い

八月七日。

翌日のワイドショーやニュースは、前日に発生した小田急線車内で起きた事件で持ちきりだった。対馬悠介容疑者が牛刀で四人を切りつけ、十人が重軽傷を負った。スマホを持っていないホームレスはこの事件のことを話題にしていなかったが、私は丸腰のまま路上で眠ることなどできなかった。

対馬のような男がいるのなら、「誰か殺すか」とホームレスを標的にする人間くらいいるのではないか。こういった事件は模倣犯が出ることも考えられる。道端で寝ている私の胸を牛刀で一突きすることなど簡単だ。

眠れずにというよりも決して寝るまいと布団にあぐらをかいていると、また手配師の京太郎がやってきた。

「お前まだいたのかー。まあ頑張ってくれよー」

これも話術だと思うがここで私を見放しにきた。仮に自分が本当のホームレスだとしたら間違いなく「京太郎さん俺働きます、やらせてください」と泣きついているだろう。

「おい、野球の日本代表は五輪でさっき金メダル取ったぞー。でもお前は頑張らないんだよなー」

京太郎がスマホを指でスワイプしながら言う。野球好きの自分がまさかこんな形で日本代表の偉業を知ることになるとは。本来、前向きな気持ちになるようなニュースであるが、一向に働かない自分との対比に使われ、ただただ惨めである。

それからも京太郎は毎日のように私の目の前に来ては胸を突き刺すような言葉を投げかけてくる。人の助けを受けてホームレスを続けていながら、敷布団などで寝心地を求めている自分が恥ずかしくなり、敷布団は捨てた。とにかく京太郎の目から逃れたい。近いうちに駅前通路を出て、隅田川に行ってみよう。百円ショップでワイヤーネットと結束バンドを買い、自転車に荷台を作る。バックパックを荷台に積むとだいぶ身軽になった。


「あ〜、暑いよ今日も。俺は冬のほうが好きなんだよ。なんぼ寒くても夏のほうが辛い。寝ていて寒いと思ったことはない」

向かいの四郎は暑さで眠れないようだ。

「冬のホームレスは凍死してしまうイメージがあるんですけど」

黒綿棒も言っていたが冬より夏のほうが辛いというホームレスがほとんどである。

「凍死なんかするかよ（笑）。ダンボールで箱を作って冬用の寝袋に入っていれば寒い

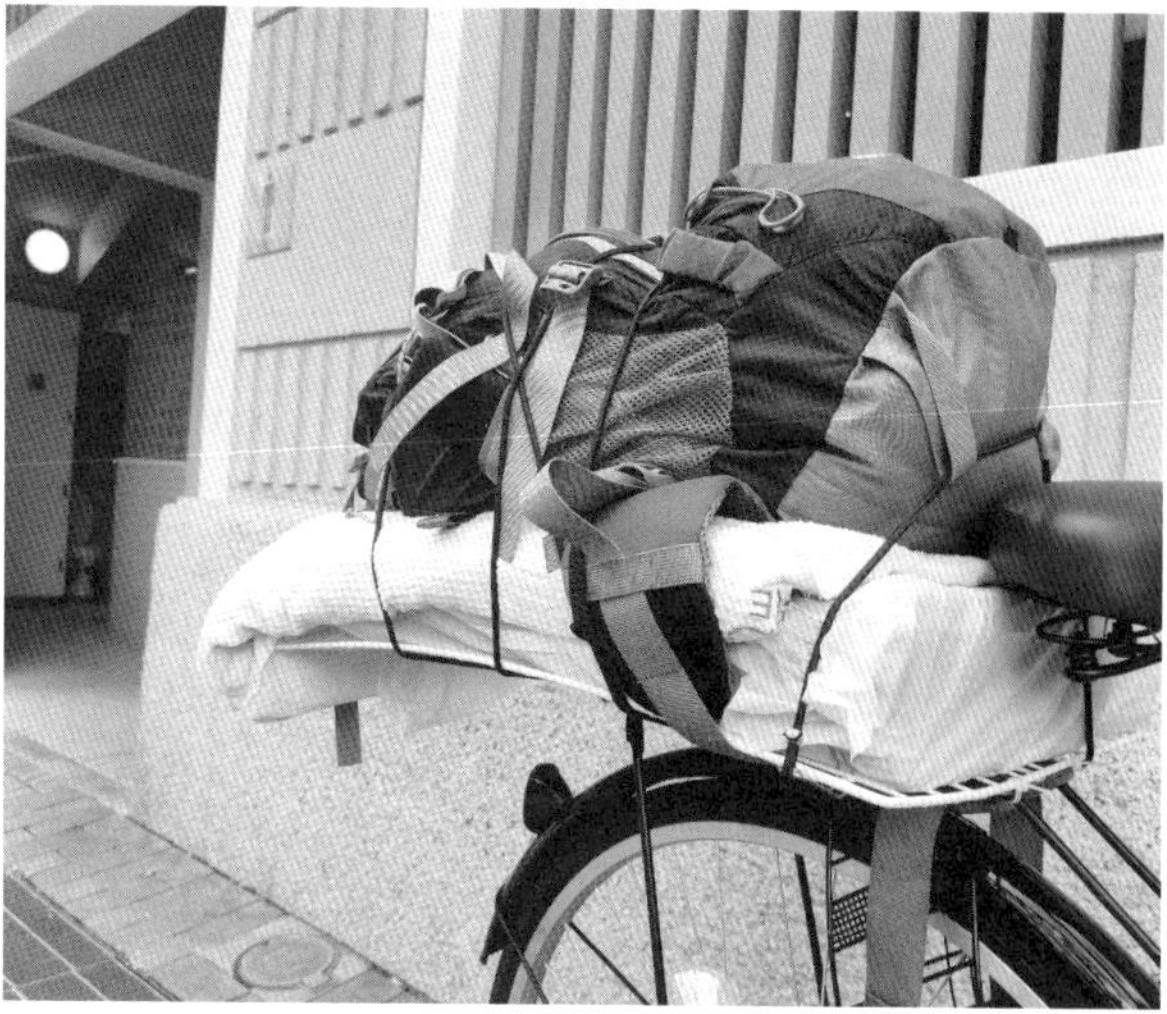

気分転換のため自転車に荷台を作る

なんて思うことはない。教会の人たちが、冬が近くなると最新の寝袋と毛布を配ってくれる。毛布なんて持っていたら荷物になるから貰わないけどな。俺なんか今寝袋四つ持ってるぞ」

さらに上野公園で十八年暮らすホームレスの男性はこう話す。

「春になると荷物になるので寝袋と毛布はみんな捨てるんだ。冬になれば新しいものがまたもらえるからね。もったいないから回収すればいいのにと思うかもしれないけど、そうすると団体の倉庫のキャパがもたないんだと思う。寄付もされるだろうし、回収していたら増えていく一方だからね」

ホームレスが凍死したという話はよく聞くが、思うに真冬にいきなりホームレスとなり、寝袋や毛布の配給が間に合わず、まったくと言っていいほど防寒対策ができていなかったのだろう。実際は支援をしてくれる人たちのおかげでホームレスたちの冬のライフラインは守られている。

深夜三時頃、寝たふりを続ける私の視界にホームレスたちの荷物を目で物色する一人の男が映った。みすぼらしい服装からするにこの辺に住むホームレスだろう。通路の隅に酔っ払いが落としていった財布を見つけ、しゃがみこんで中身を漁っている。

四郎が言う、「盗みで生計を立てる手癖の悪いホームレス」だ。私の目の前にもやってきてはジロジロと荷物を見ているので、思い切り目を見開いて「こんばんは」と挨拶

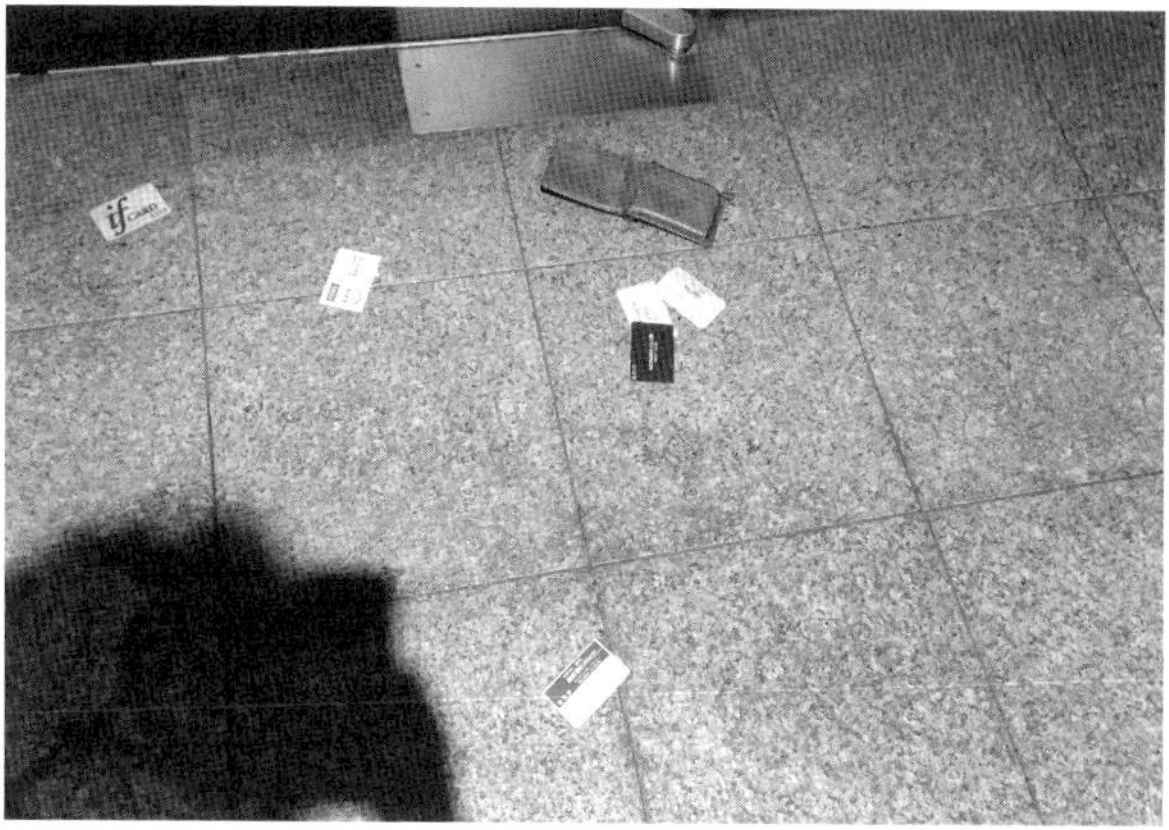

駅前通路に落ちていた財布。中身は抜かれていた

をすると、ビクッと相手の身体が硬直した。

「今落ちている財布を見てみたら中身全部抜かれているよ。そういうことする奴がいるんだよな。この辺はスリが多いからお兄さんも気を付けるんだよ」

男はそう言うと背中を丸めて入谷方面に歩いて行った。

首都高速六号向島線高架下

八月十一日。

「昔は隅田川沿いに大量のホームレスが小屋を立てていて、自転車で通るときはホームレスの荷物を踏んでしまわないか注意しながら漕いでいた。異様な雰囲気で一般の人たちが気軽に立ち入れるような場所ではなかった」

墨田区生まれ墨田区育ち、現在も墨田区押上に住む男性の話である。東京メトロ浅草駅を降り、吾妻橋を渡ると金色のオブジェがあるアサヒビール本社が見えてくる。その横を走る首都高速六号向島線の高架下にかつて多くのホームレスたちが暮らしていた。冒頭の男性が指す一帯は隅田公園より北のエリアである。

隅田公園から北に一キロ以上自転車で進むが、ホームレスの小屋はひとつも見当たらない。ベンチで寝ているそれらしき人はいるが、ブルーシートでできた小屋は持ち合わせていないようだ。

隅田川沿いはもう路上生活者は住めないのではないか。となるとこのまま上野駅前に戻らなければならないのか。しかし、向島料金所を過ぎたあたりから突然ホームレスたちの小屋が姿を現した。木材で壁と屋根を作り、ブルーシートで覆われた小屋が十軒ほど点々としている。中には鍵付きのドアが設置されている立派な物件もあった。

しかし、ところ狭しという感じではない。空いたスペースは墨田区のガードレールで囲われている。このスペースに私も小屋を立てたいのだが問題ないだろうか。

小屋の外で空き缶を潰している六十代くらいのホームレスがいる。こういう場所には大抵ボスがいて、その人に許可を取らないと勝手に寝てはいけないのだとどこかで読んだ気がする。

「ここで寝たいのですが、誰に許可を取ればいいでしょうか？」

眉毛がすべて剃られており、その上から自分で眉を描いている。青色で三十度ほど吊り上がっていて歌舞伎役者みたいだ。

「そんなのいらねえよ。どこで勝手に寝ようと誰も文句言わねえさ。ただ俺たちみたいに小屋を立てると警備員が飛んできてすぐに撤去されるぞ。昔からいる俺たちだけは認めてもらってるんだ。今から小屋は立てられねえ」

高架下を見てみると、柱ごとに「向・474」というように番号が振られている。墨田区はこの番号を使ってホームレスの数を管理しているのだという（「向・474」は私が寝ていた場所だ。興味があったら探してみてほしい）。

このホームレスは十年以上隅田川に住んでいるが、彼が路上生活を始めた頃は一帯に三百軒以上の小屋があったという。しかし、徐々に生活保護に移行する人たちが増え、現在の状況となった。彼の近所でもここ半年の間に三人のホームレスが身体を悪くして生活保護に移行したそうだ。ガードレールで囲まれた空きスペースは彼らの小屋があった場所である。

東京都の生活保護者数は約十万人だった平成十年から増え始め、令和二年には約二十八万人となっている。東京都の生活保護者数の推移を示したグラフを見ると、二〇〇八年（リーマン・ショック）から二〇一〇年にかけて急激に跳ね上がっているように、景気の悪化によってその数が増えているという見方ができる。

また、二〇〇八年はリーマン・ショックの影響で大規模な派遣切りが行われ、千代田区の日比谷公園には生活困窮者が年を越すための「年越し派遣村」が開設された。それ以前は役所に生活保護申請をしようとしても申請すらさせてもらえないという「水際対策」が横行していたというが、それも減った（二〇一一年二月には横浜市の神奈川区生活支援課が申請者に虚偽の条件を提示し、申請書を受け取らなかったという事例はある）。

申請時に弁護士や行政書士が同行することで、行政の「水際対策」を封じ込めたのである。私はこの生活中、ホームレスたちが「あるときを境に生活保護に移行する人が増えた」と話しているのをよく聞いたが、あるときというのはおそらくこの二〇〇八年のことであろう。

「生活保護を受けようと思ったらいつでも受けられるんだ。でも俺は受ける気がない。あれアパートに住むって言っても5万かそこらだろ。お前そんな物件見に行ってみろ。あれに金払うんだったらこの小屋のほうが全然まともだよ」

仮に生活保護を受けて隅田川を出て行った場合、小屋は撤去されることになる。その後、生活保護を辞退して隅田川にカムバックしたとしても、もう小屋を立てることはできない。そのため、このホームレスは何が何でもここからは離れられないのだと話す。

ホームレスを管理するため、行政は柱にふられた番号を活用しているという

「アパートだって風呂もトイレもないんだから結局変わらねえんだよ。ここは時計だっていらねえんだぞ。ほら、後ろを見てみろ」

彼が指をさした先は浅草に立つビル。その頂上には大きな時計が掲げられており、ここからでも時間が一目で分かる。

生計は空き缶拾いで立てている。昼間街を回り、夜も寝る前に回る。朝、買い取り業者に売りに行けば、日で三千円程度になる。一回目の緊急事態宣言の際はアルミの値段が急落し、一キロで九十円ほどにまで下がった。加えて外出自粛で街から空き缶が消え、かなりのピンチに陥ったという。しかし、現在アルミの値段は跳ね上がり一キロ百八十円。倍である。

「おたくもやってみたらいい。二十キロなんてあっという間だぜ。ただ十年以上やってるプロに素人が敵うわけないけどな」

「ここのゴミ箱は誰の物とかは決まってないんですか？」

空き缶拾いで生計を立てるホームレスの間には縄張りがあり、新規参入が難しいと聞いたことがある。

「そんなもんあるわけねえよ。早い者勝ちに決まってるだろ。やってみれば分かるがいろんな人間がグルグル回ってるぞ。お互い仲間なんかじゃなくライバルだけどな。向こうに長い煙突が見えるだろ。八広っていう場所に空き缶を買い取ってくれる場所がある」

　調べてみると墨田区にはスクラップ工場が点在しており、買い取ってくれる場所も複数あるようだ。

　しかし、空き缶拾いという仕事は「俺みたいに小屋を構えている人間の特権だ」と彼は話す。たしかに都庁下のベースで空き缶拾いをやれと言われても保管しておく場所がない。ましてや夜間しか逗留することができない上野駅前や上野公園ではかなり無理がある。空き缶が持ちきれなくなるたびに売りに行かなければならない。

「だからな、今から路上生活を始めるっていうのはかなり厳しいぞ。小屋建てられないからな。隅田公園の東屋はぶっ壊されるし、水道の蛇口は取られるし、墨田区っていうのは本当に意地が悪い連中の集まりなんだよ」

　帰る家があるということが途端にうらやましくなってきた。もちろん、綺麗なマンションの一室があるに越したことはないが、今の自分の状況だと彼の小屋ですら魅力的に映る。好きなときに好きなだけベースに帰れるというのは、ホームレスにとってはかなり自由度の高い生活である。

「俺だってよ、となりが空いているんだからおたくに小屋建てさせてやりたいよ。ただ、それは無理なんだ。もっと北に進むと白鬚橋っていう橋がある。夜八時くらいになるとゾロゾロと路上生活者が集まるから、おたくもそこで寝るといい。ダンボール敷くくらいなら昼間でも何も言われはしねえよ。警備員が来たら〝疲れたから休んでんだ〟って言えばどっか行くさ」

白鬚橋の高架下にダンボールを敷いて川を眺めていると、彼の言う通り夜の八時くらいにゾロゾロとホームレスたちが集まってきた。ダンボールを敷く人もいれば、ブルーシートで簡易的な屋根を作る人、キャンプ用のテントを立てている人もいる。朝、畳んで撤退することができれば、テントは立てても問題ないみたいだ。

夜九時頃、ボランティア団体がお好み焼きを配って歩いていた。なんという団体かを尋ねると、「ちょっと待っててね」とどこかへ行ったきり帰ってこなかった。配って歩くタイプの炊き出しは「アウトリーチ」と呼ばれるらしい。炊き出しがある場所まで歩いて行けない人や、そもそも炊き出しがあることを知らない人のためのものであるが、私のように健康でも路上で寝ていれば誰でも受け取ることができる。

ダンボールの上でお好み焼きを食べていると、散歩をしていた地元の女性が話しかけてきた。

「あなた若いのにこんなところで何やってるのよ」

私に千二百円が入っているという電子マネーを差し出し、「これで何か好きなものを買ってきなさい」と言う。さすがに受け取ることはできないので「炊き出しで何とかなっている」と断った。

「そうね。頼り癖が付いちゃうものね。自分で蒔いた種でこうなっているのなら、自力で頑張らなくちゃね」

女性はそう言うと、鞄から野菜ジュースを出して「栄養になるからこれだけは飲みなさい」と渡してくれた。女性は墨田区生まれ墨田区育ち、白鬚橋の近くにある自宅に六十年以上住んでいるという。隅田川は現在のような防波堤ができる前は荒川のような土手のある川だった。当時は台風が来るとよく家の床下が浸水していたという。

川の氾濫を防ぐために防波堤が建設されることになり、この場所に小屋を構えていたホームレスたちは追い出されることになった。多くは生活保護に流れ、一部は白鬚橋よりさらに北のエリアに移動した。行政が、「小屋を立てることは認めるので、この場所にまとまって住むように」と土地を用意したのだそうだ。

後日見に行くとテニスコート二面分ほどの敷地に線が引かれ、その線に従うようにホームレスたちの小屋が立てられている。震災時の仮設住宅のようである。同じく一度退去すると再び戻ることはできないようで、ところどころ空いているスペースが目立つ。

三百軒を超す小屋があった時代は、今のように炊き出しがホームレスの数に追いついておらず、地元の人々で協力して食べ物を配っていたのだと女性が話す。

「地元の人がカツアゲされたり物を取られたりして大変だったのよ。だから犯罪を防ぐためにもみんなで食べ物を配ることにしたの。今は炊き出しだけで回っているから配る必要はなくなったんだけどね」

治安を守るためにホームレスに食べ物を配るという発想には、不意を突かれてしまった。もし炊き出しがなかったとしたら、盗みやカツアゲ、万引きに手を出さざるを得なくなることは容易に想像できる。黒綿棒をパートナーにするのは賢明ではないだろうが、私は何人かのホームレスで徒党を組み、盗みを働き始めるかもしれない（路上で暮らすことを前提にした場合の話だ）。

真夜中、足の親指にチクッとした痛みを感じて目を覚ました。サンダルのそばにゴキブリが一匹、こっちを見て触覚を動かしている。ゴキブリに表情はないが、「へへっ、ゴキブリだって噛むんだぜ」と私を小馬鹿にしているように見えた。

腹が立ったので気分転換に自転車で高架下をうろつく。この高架下にも「排除アート」と呼ばれる、ホームレスが住み着かないように妨害するオブジェがいくつかあったが、その排除アートを枕にして熟睡しているホームレスを見つけた。

あからさまな排除アートを造ってしまうと「人権侵害だ」と批判されるので、行政も控えめにして責任逃れしているのだろう。造るならちゃんと造れという話ではまったくないが、行政の中途半端な政策によって、ホームレスが国民の税金を枕にして寝ているのだ。

排除アートの一例

都内の炊き出しを歩いて回る鉄人

八月十二日。

翌日の昼過ぎ、白鬚橋の周りに続々と人が集まってきた。みんなから「ター坊」と呼ばれている四十歳くらいの男が、「俺金ないんだから貸しておくれよー。頼むよー」と集まった男たちに言い回っている。

このター坊という男はとにかくよく喋る。話し相手を見つけては相手が相槌を打つ隙も与えず、延々と話し続ける。「もう終わりにしてくれ」といった顔で相手がその場を立ち去ろうとしても、横をずっと付いて回っている。面白そうな男だが同棲するとなったら黒綿棒よりもはるかに鬱陶しそうである。

　みんなが集まっている理由が炊き出しであることは聞かなくとも分かりきっている。そうと知りながら何食わぬ顔でダンボールの上に待機している自分がとても卑しく感じた。しかし、途中から「来ねえなあ」「今日は休みか」という声があちこちから聞こえてきた。そして、私の近くに座っていた三人組のおじさんの一人がハッキリと言った。

「ないな」

「やっぱり炊き出しないですか？」

　私が横から聞くと、一緒に行動していたかのようなテンションでおじさんが答える。

「ないなら前もって言ってくれればいいのにな。お盆だから炊き出しも休みなんだよ。ないと分かっていたらわざわざ来ないのによ」

　たしかに周知する方法がないのであれば、先週の時点で言っておいてくれればいいのに。

「じゃあ今日は飯抜きですか？」

「いや、もう腹いっぱい。午前中は玉姫公園で炊き出しがあったから。昼は上野公園でもあるだろ。上野公園を捨ててこっちに来たのによ。悲しさを通り越して虚しいよ」

　玉姫公園とは山谷にある公園だ。ブルーシートで覆われた小屋がいくつか立っており、ホームレスが暮らしている。上野公園の炊き出しは私も行った火・木・金・土に開催されている韓国系キリスト教会主催のものだ。

「君は昼飯食べたのか？　余っているからこれやるよ。いいいい、食えって」

おじさんと一緒にいた二人も「どうせ捨てちゃうからもらってくれ」と、私に飲み物や弁当をくれた。都庁下と同じく東部エリアも飯に困ることはまずなさそうだ。

「俺たちは三百六十五日炊き出し回ってるんだよ。全部知ってるぞ」

週四日の韓国キリスト教会の炊き出しに加え、ここ白鬚橋でも毎週木・土に炊き出しがある。土曜日は十四時からもあるので日に二回だ。山谷地域も炊き出しが豊富だ。山谷労働者福祉会館、山日労（東京・山谷日雇労働組合）、キリスト教会、朝ご飯を出してくれる炊き出しもある。

明日から三日間は玉姫公園で「山谷夏祭り」が開催される。飯と酒が食べ飲み放題で、出店なども出る。音楽隊の演奏会やレクリエーションまであるという。少し離れるが八丁堀の公園でも毎週カレーが食べられる。

このおじさんのイチオシは水曜の昼に上野駅前でもらえるほっともっと弁当。そして大久保にある韓国系キリスト教会。なんとここは月に一回現金をくれるそうだ。今は人が増えすぎて一人三千円だが、一万円くれた時期もあった。みんな服装を変えて何回ももらおうとトライして、このおじさんは五万円までチャレンジに成功した。

この教会は以前こんな制度もあったという。月四回炊き出しに来ると皆勤賞で千円もらえる。次の月も皆勤賞なら二千円、その次は三千円とステップアップしていく。

さらに魅力的なのが、とあるキリスト教会で炊き出し時に行われている聖書クイズ（取材当時はコロナ禍でクイズは休止中）。聖書にまつわるクイズが出題され、当たると数千円のお小遣いがもらえるので白熱するのだという。そして、このクイズがかなりマニアックで難しい。

「みんなクイズに正解して金もらいたいからよ、教会から聖書もらって勉強するんだぞ。そうでもしないとまず正解できないレベルだからな」

街で聖書を読んでいるホームレスは何度か見かけたことがある。「ホームレスは聖書読みがち」とすら思っていた。みんなテスト勉強をしていただけだったのだ。

そしてこの教会で出るカレーが抜群に美味いという。このおじさんだけではなく、ほかのホームレスと炊き出しの話をするたびに、さらには黒綿棒までもがみんな口を揃えて、「あのカレーはもう食べた？　あれを食べたらもうよそに行けなくなるよ」と目を輝かせて言うのだ。

「新宿、渋谷、池袋、上野、山谷、毎日全部歩きで回ってるんだぞ」

「え、歩きですか？」

「そうだよ。根性だよ。すごいだろ？」

私なんて都庁下から代々木公園まで歩くのにもヘトヘトなのにすごすぎる。考えられない。鉄人ではないか。

「みんなそうやって炊き出し回って生活してるんだよ。向こうにベラベラ喋っている奴がいるだろ。アイツは生活保護歴五十年。全部の炊き出しを回ってるぞ。生活保護を受けてると都営電車と都営バスが全部タダで乗れるからな」

鉄人が指をさした男はター坊とはまた別の男だった。その男もよく喋るので炊き出し界隈では「九官鳥」と呼ばれており、自分でノートにまとめた炊き出しスケジュールを常に持ち歩いている。黒綿棒とは違い東部も西部も網羅しているので、「今日本にある炊き出し情報としてはこれが最強だと思っている」という黒綿棒の言葉は嘘ということになった。

鉄人は現在七十五歳。オフィスビルを専門とする引っ越しセンターで人材派遣の仕事をしていた。街で私のような人間に声を掛け、会社で面接をし、入社させるのだという。日給は一万三千円をもらっていたが、酒とギャンブルにすべて消え、家を借りるのが馬鹿らしくなってホームレスになった。路上から出勤し続け、五年前に退職した。

国民年金と厚生年金は手取りが減るのが嫌だからと会社の勧めを断って払わなかった。どこまで本当か分からないが、三十五歳で家を解約し、それから四十年間路上で生活しているとのことだ。

その鉄人よりも歴が長いのが、白鬚橋を北上した先の「仮設住宅」にいる「ホワイトライオン」だ。鉄人と話していると、ちょうどそのホワイトライオンが空き缶を積んだ台車を押しながら白鬚橋にやってきた。長い白髪に真っ白の髭を蓄え、ライオンのたてがみに見える。昔は髪も髭も黒かったので「ライオン」と呼ばれていたそうだが。のしのしと歩くホワイトライオンを眺めながら鉄人が言う。

「アイツはもう五十年ここにいるんだぞ。空き缶拾っているくせして服も洗わないし風呂も入らないから臭いぞ～」

鉄人はホームレスとは思えないほど清潔だが、これにはカラクリがある。鉄人の紹介で引っ越しセンターで働いていた男たちが現在何人も、生活保護を受けながら山谷のドヤで暮らしているという。被保護者は年間で六十枚、行政から銭湯の入浴券が交付される。それらを昔からの人脈を使ってかき集めているのだ。

昔助けた仲間のよしみでほかにも様々な助けをもらっているという。

鉄人のとなりにいた二人が「ドヤに戻る」と言って先に帰り、鉄人と二人きりになった。

「あの二人も生活保護を受けて山谷のドヤに暮らしてんだ。金が入っても三日で全部ギャンブルに使っちまうからよ、一緒に炊き出し回ってんだ。アイツら毎月ガバガバ金が入ってくるんだぞ。月収二十五万くらいはあるだろうな」

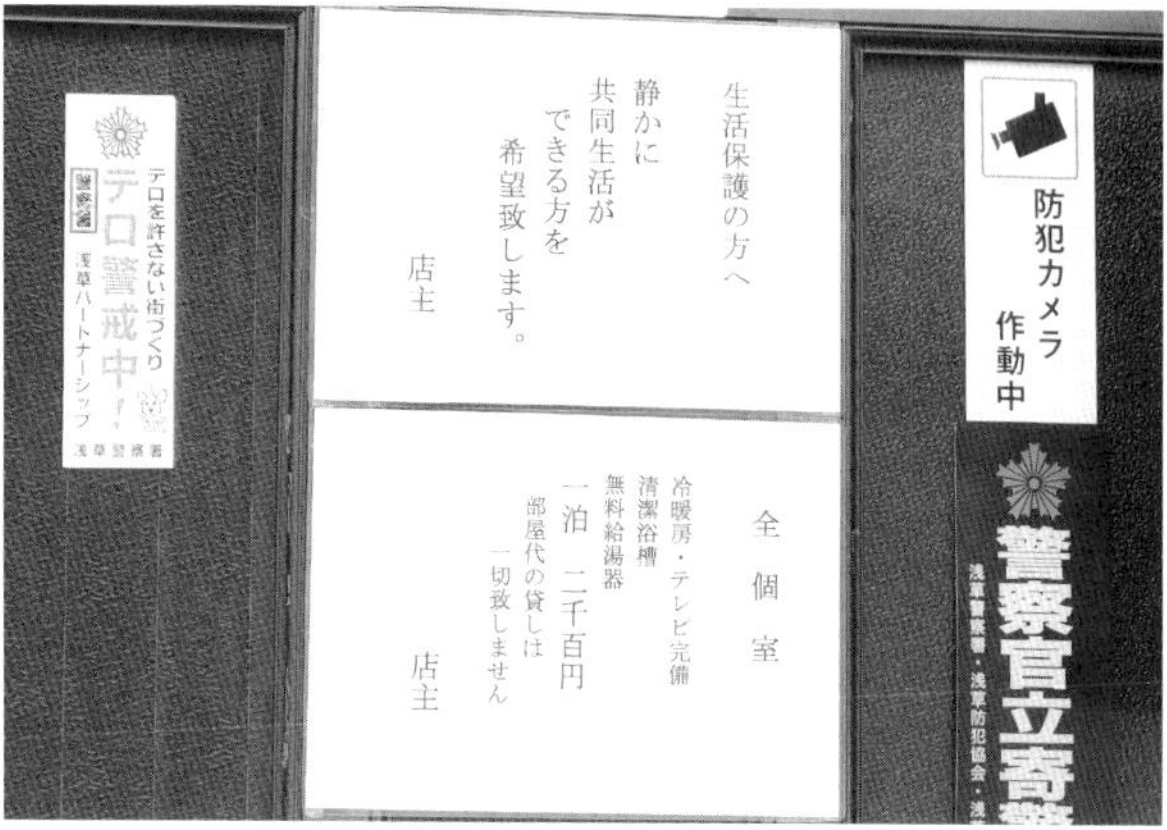

ドヤの貼り紙

二人は、年金をもらいながらダンボール手帳の仕事とシルバー人材派遣の仕事（月約十万円になるという）もこなし、その上で生活保護（現金書留でもらっている）を満額受給しているという。一定額の控除はあるが、収入があればそのぶんの生活保護費は差し引かれるはずだ。

「そんなことできるんですか」

「法の網をかいくぐればできちゃうんだよ。法には必ず抜け道があるからな。山谷で同じことやってる奴が五十人はいるぞ」

「どうやってやるんですか」

「そりゃ詳しいことは言えないよ」

どういった方法が予想されるか。社会問題に詳しい弁護士の大城聡氏に聞いた。

「少なくとも虚偽申告をしているということにはなるでしょう。そもそも生活保護を受給している場合、収入があれば申告をしなければいけない。法の抜け道という話ではなく、ただ単にルールを破っている（＝収入の申告をしていない）ことが見つかっていない、というだけの話のように思えます」

偽名を使って生活保護を受給していた人間が逮捕されるといった事案もある。それはつまり、生活保護は偽名でも受給できるということだ。ならば、収入の無申告などわけない。行政の制度に不備があり、ザルだということか。

「いえ、収入の申告は義務です。そのため、そこはある程度、〝収入があった被保護者は申告をする〟という性善説によって成り立っています。全員の生活実態を隅々まで把握することは不可能です。働く際に偽名を使ったりほかの人の口座を使ったりしているかもしれない。ダンボール手帳の仕事とシルバー人材派遣の仕事も、行政とはいえ第三セクター的なポジションにある。厳密な身元確認はできていないはずです。そもそも、高齢者に仕事を与えることが本分なわけですから」

生活保護の不正受給をゼロにするためにあらゆる対策を取れば、それは生活保護のハードルを上げることに繋がってしまう。それこそ「水際対策」の横行が再び起こるはずだ。悪用している人が責められるべきであって、見つけられなかった行政を問い詰めるのは賢くない。「それは性善説だ」と言われそうだが、性善説を前提としているからこそ本当に困っている人を助けることができるのだ。

ギャンブルで金を使い果たした生活保護受給者が大勢押しかけているのにも関わらず、全員が二周もらえる量の食材を毎回用意する炊き出し団体もきっと同じ考えだ。不正をする人のことをメインで考えていたら、救いたい人を救えない。生活保護の制度も炊き出しも、悪用する人にフォーカスを当てているわけではないのだ。

「ホームレスの命はどうでもいい」

八月十三日。

雨の中、鉄人に教えてもらった山谷夏祭りに参加するため玉姫公園を訪れた。衣類の配給、出店、音楽隊、レクリエーションは雨のためすべて中止となり、弁当の配布とウーロンハイの飲み放題のみとなった。「こんな薄いウーロンハイ飲んでも意味ねえよ」と地面に捨てている人がいる。ウーロンハイは雨とともに排水溝に流れていった。

玉姫公園の前で身なりのしっかりした人たちが十人ほど炊き出しの行列を見つめている。新聞社か何かの取材だろうか。前に並んでいるおじさんに聞いてみると、「あれは全員刑事だ」と話す。参加者同士で揉め事が起きたときのために、毎年山谷夏祭りは刑事が見張っているのだという。

スーパーの袋に食料をパンパンに詰めた男が何人か行列の前を通った。目の前で炊き出しをやっているのになぜわざわざスーパーに行くのだろうか。三日間のメニューは、牛丼、カレー、しらす丼。こんなに豪華な食事がもらえるというのに。前のおじさんが彼らを見ながら小声で言う。

「アイツらが住んでいるドヤを俺は知っているが、こんなところ通らなくても行けるんだよ。〝炊き出しに行くほど貧乏じゃない〟と俺たちにアピールしたいんだよ。いつもそうだ」

くだらなすぎる。鉄人の言う例の不正受給グループだろうか。こんな人たちの相手をするが故に本当に困っている人たちを救えなくなるのであれば本末転倒だ。

前のおじさんは来年で七十歳になる。小樽から上京し、ずっと日雇いの仕事を続けていたが、去年現場で鉄板に脚を潰され、山谷のドヤで生活保護を受けることになった。山谷のドヤの家賃相場は一日あたり二千二百円（水道光熱費を含む）。月にすると七万円弱だ。自由に使える金は五万円程度になる。おじさんが住むドヤはガスがないため煮炊きができず、食料はスーパーでカップ麺や弁当、総菜を買うしかない。タバコと酒を買えばたちまち金はなくなり、炊き出しに来るしかなくなるのだという。

タバコと酒を一切止めて本気で節約すれば、五万円で一カ月を乗り切ることは可能だろう。私もできる自信がある。しかし、目の前に炊き出しが溢れている状況で、そこまでする意味はあるだろうか。「生活保護費だけで生活する」ことを人生の目標にして生きるのであれば話は別であるが。

植え込みに座って弁当を食べていると、七十歳近い背の高いおじさんが私と同じように弁当を食べている男たちにしつこく言い寄っている。

「俺の金玉を見てくれよー。なあ、俺の金玉を触ってみるか？」

おじさんはペロリと自分の陰部を露出し、手で金玉を揺らしている。周りの人間は私ふくめ、気持ち悪がることはなく指をさして笑っている。「いい暇つぶしの材料を見つけた」くらいの感覚でみんなおじさんの金玉をツマミに飯を食っている。それくらい暇なのだ。

「ホラ、チンポをこっちに向けてみろ。俺がハサミで切ってやるから」

誰かがそう言うと、どっと笑いが起きた。

雨で濡れるのが嫌なのでバックパックを白鬚橋近くの寝床に置いたまま山谷夏祭りに行ったのだが、戻ると中身が漁られていた。備蓄の入った食料袋と帽子と『失踪日記』が盗まれている。

食料は備蓄というより食べきれずに余っているものなので正直言うとどうでもいい。ホームレスがこの東京のどこかで、盗んだ『失踪日記』（著者の吾妻ひでおが実際に送ったホームレス生活を漫画にした作品）を読んでいると思うと痺れる。

問題は帽子である。ホームレス生活を始める前は、帽子などオシャレするためのアイテムでしかなかったが、夏のホームレスにとっては必需品なのだ。あるのとないので本当に体調が左右される。

天気予報ではこの日から雨が続くようだ。実際に丸四日間、雨が降り続けたのだが、この四日間は本当に辛かった。飯にも困らないしそれとなく金は稼げるし、世間が思っているほどホームレスは悲惨じゃないぞと思い始めていたが、この雨の日に関しては悲惨を通り越して凄惨だった。

濡れても着替える服がないというのは泣きそうになる。小屋がない身分では日中は移動せざるを得ないので、バックパックに入っている着替えはどうしても濡れる。ずっと雨が降っているので乾かそうと思っても乾かない。

一番の失態は「高架下なので濡れないだろう」という思い込みで、折りたたみ傘以外の防雨グッズを何ひとつ用意していなかったということだ。晴れの日はまったく気が付かなかったが、上を見ると高速道路の左車線と右車線で構造が分かれており、その間から雨が降ってくる。

そして、都庁下の高架下がまったく濡れなかったのは天井が低いからだということが分かった。ここの天井はあまりに高すぎて、横からバンバン雨が入ってくる。折りたたみ傘でせめて顔面だけガードしようとしたが、風でどこかに飛んで行った。

タオルケットに全身包まったが、もはや小雨が降る大地の真ん中で寝ているも同然である。タオルケットはすぐにずぶ濡れになり、三日間乾かなかった。八月の中旬にこんなに寒さで震えることがあるだろうか。黒綿棒も四郎もほかのホームレスたちも皆口を揃えて「冬より夏のほうが辛いよ」と言っていたが、それは寒さ対策をしているからだということが身に染みて分かった。真冬の雨の中この状況だったら私は氷になっている。

雨が排水溝の中を走り抜け、中からアンモニア臭が混じったドブの臭いが漂ってきた。ゴキブリたちはどこかに隠れているようだが、彼らに足の親指を噛まれているほうが百倍マシだ。

私のホームレス生活は二カ月で終わりを迎えることが決まっている。この雨を乗り越えさえすれば、辛い思いはもうしなくて済むかもしれない。しかし、終わりの見えない本当のホームレスたちは雨に濡れながら何を想うだろうか。

仕事も家もあった時代のことを想うだろうか。そしていつの日かそのような生活に戻りたいと考えながら、雨が止むのを待つことだろう。近くで寝ている大柄のホームレスがダンボールの上で目をつむりながら正座をしていた。

私たちは「ホームレス」と彼らを一括りにして見てしまうが、人によって状況は大きく異なる。

風呂なしのボロアパートに住んでいる人もいれば、実家の一軒家に住んでいる人、高級タワマンに住んでいる人だっているように、ホームレスも住んでいる場所や形態によって生活は一変する。小屋がある人は雨もそこまで苦ではないと思うし、都庁下の黒綿棒も今頃ぐっすり眠っていることだろう。

地べたに敷いたダンボールに顔を付けて泣きながら震えていると、目の前に一匹のカエルがピョコピョコとやってきた。私のことをジッと見てはこんなことを言う。

「俺は両生類だから雨はなんともないけど人間は大変だな。でもその辛さはずっとは続かないさ。我慢していればいつかは終わるはずだ」

今考えると完全に頭がおかしいが、そのときの私はカエルとそんな話をしたのだ。いっそのこと何かの箱に入れて一緒に暮らしてやろうかと思ったが、トイレから戻るとそのカエルはいなくなっていた。

メンタリストDaiGoの「ホームレスの命はどうでもいい」という発言が大炎上したのはちょうどこの数日間のことである。そもそも多くのホームレスがスマホを持っていないため、彼らがこの発言をリアルタイムで耳にしたのかはわからない。しかし、どれだけ経っても、ついには私がホームレス生活を終えるまで、誰一人として彼のことをホームレスが話題にすることはなかった。

ニュースやネットでこれだけ彼が叩かれているのになぜ当事者であるホームレスは微塵も気にしないのか。当時、ホームレス生活をしていた身からすると非常に理解ができ

目の前に現れたカエル

る。

頭の良さそうな兄ちゃんがスマホの画面で言っている戯言よりも目の前で起きていることのほうが死活問題なのである。「彼が何を反省してどう謝罪をしてその後当事者にどんな話を聞いたのか」などといったことよりも、明日の天気のほうがよっぽど気がかりだ。

後にバックパックを漁られて荷物を盗まれたことをホームレスに話すと、それは「ホームレスの仕業」だという。「ホームレスの荷物を盗む奴などホームレスしかいない」そうだ。置かれている場所や荷物の雰囲気でなんとなくホームレスの荷物だということはわかる。たしかに、それを会社に勤めている人が漁るわけもないだろう。ホームレスの敵はメンタリスト DaiGo などではなく自然エネルギーとホームレスにほかならない。
私は翌日雨の中、浅草のドン・キホーテに向かった。レジャーシートを購入し、余っていた結束バンドで柵に括り付けて簡易的な屋根を作ると、随分と楽になった。地べたに敷いたダンボールではなく、そろそろ自分の家が欲しくなってきた。

上野駅前の寅さん

八月十五日。

いつ空を見上げても降り続ける雨は一向に止む気配を見せない。白鬚橋周辺の隅田川は人通りが少なく天気の良い日には適しているが、雨の日はここにいていいことがない。私は再び四郎のいる上野駅前の通路に戻ることにした。

十五時半に駅前通路に着くと、すでにホームレスたちがダンボールを敷いていた。四郎の話だと十七時にならないとここにはいられないとのことだったが、雨の日は例外らしい。中には早くも寝転がっている人もいる。

しかし、いつも四郎が寝ていた場所にいるのは四郎ではなく、五十代くらいの小太りの男だった。金魚のように目がギョロリとしている。どんなに服が汚れているホームレスでも、普通寝るときはダンボールを敷くものだ。しかしこの男、昨日酔っ払いが小便をしたかもしれない場所に何も敷かずに直に寝てしまっている。

ダンボールは三枚繋げると敷布団ほどの長さになる。重ねることで寝心地が大きく変わるので、私は計六枚のダンボールを二枚重ねにして寝床にしていたのだが、この男に半分あげることにした。

「おー兄ちゃんありがとよ。お前さん、優しいんだな」

巻き舌のひょうひょうとした話し方が特徴的なこの男は現在五十六歳。三十八歳のときに上京し、以来警備員などの仕事を転々としているという。

「俺は新潟県柏崎市の生まれなんだけどよ、お前さん生まれはどこなんだい」

「僕は東京です」

「〝です〟なんて丁寧語使うこたあねえよ。お互いホームレスなんだからよ。俺なんて五十六のクソじじいだからよ、もう誰も相手にしてくれねえんだ。親の遺産が二百四十万入ったんだけどよ、全部パチンコに使っちまっただよ。兄弟に金を借りてしのいでいたらそのうち新潟を追い出されちまった。俺なんて寂しい人間よ。フーテンの寅さんみてえなもんだな」

新潟では柏崎刈羽原発の警備員として九年半働いていた寅さん。年三回のボーナスを入れて年収は三百万円だった。しかし、その給料も遺産もあっという間にギャンブルと酒に消え、兄弟に金をせびりまくった末に絶縁され、上野にやってきた。北の人間が上京するときは、新宿でも渋谷でもなくやはり上野なのだという。

「東京ではもう警備員の仕事もないですか？」

「ないよ。ガードマンの仕事も九社落ちちまった。コロナで仕事がないんだとよ。残った金で、サイバー（上野駅前のパチンコ店）で勝負かけたけど全部スっちまっただよ。それでこの様だよ。もう笑ってくれよ」

警備員の仕事がダメなら建設の仕事はどうだろうか。今日も夜になれば手配師の京太郎が来るだろう。

「この辺は手配師がウジャウジャいるのでいつでも飯場に入れますよ」

「そらあ昔はやってたこともあるけどよ、俺はヘルニアで腰やってるからガードマンしかできねえんだ。今あれ狙ってるんだよ。漫画喫〝ちゃ〟の清掃員。お前、入社したら五万円祝い金が出るんだぞ。それ持ってドロンすれば最高じゃねえか」

寅さんは涅槃仏のように寝転がりながらそんなことを言う。

「ドロンしないで働き続けたほうが絶対得しますって」

「バカ、今までずっとそういう人生なんだよ。お前さんに一つお願いがあるんだけどよ、大家に電話がしたいからよ、俺に五百円ばかり恵んでくれねえか。そしたらジュースの一本くらいは奢ってやるからよ」

ジュースはいらないので貸すのは四百円にしてもらいたい。どうせ返ってこないだろう。

「家があるのになんでこんなところで寝てるんですか？」

　二カ月前から生活保護を受け始め、青梅のアパートに住んでいるという。しかし、馴染みのある上野に来て、ホテル、サウナ、ＤＶＤ鑑賞、パチンコ、酒と贅沢三昧をしていたらアパートの家賃が払えなくなってしまった。残金五千円をサイバーで五万七千円の家賃に増やそうとするも、青梅に帰る電車賃すらなくなってしまったというわけだ。

　しかし、金はなくなってしまったが、「その数日間だけは最高の気分だった」と寅さんは笑う。絵に描いたようなダメ人間すぎてもはや愛嬌すらある。

「お前さんよ、生活保護なんか言っても家賃を払ったら残りは六万八千円しかないんだよ。その金で一カ月も暮らせると思うか？」

「そんなの余裕ですよ」

　私がタバコと酒を一切やらないからかもしれないが、月に六万八千円もあれば余裕である。ただ、一生それで暮らせと言われたら気が滅入る。途中でヤケになってギャンブルで金を増やそうなどと考えてしまうかもしれない。しかし、寅さんが青梅のアパートに帰らずに上野で豪遊した理由はほかにもあった。

「青梅にはもう帰りたくねえだよ。チンピラみたいなとなりの住人が俺から金を巻き上げようとするからよ。人の金取って、飯代出させて、挙句にそんな金知らねえって暴れ出すような奴だからよ。住んでいるのが全員金に困った生活保護なんだからよ、トラブルが起きるのは当たり前だろうよ。だからもう帰らねえ、このまま生活保護を打ち切りにしてもらいてえんだ」

夜になるとボランティア団体がカレーを配りに来た。私はお腹が空いていたので全部食べたが、寅さんは「なんでカレーが酸っぺえんだよ。こんなの食えるかよ」と言って捨ててしまった。

「なんやオラあ！　このお！」

駅前通路の隅で一人の男が暴れ回っている。先日私にコーラを奢ってくれた生活保護を受けている麦わらの老人だった。彼に怒鳴られたホームレスはゴミを地面に叩きつけ、怒りに震えている。

「お前さん、あんまり見るなって。見るとこっちに来ちまうからよ」

寅さんが涅槃のまま目だけこっちに向けて言う。かれこれ三時間はこのポーズを取っているが型に付きすぎである。

「なんやコラ。俺はずっとこの場所におったんやぞ！　みんな知っとるんや。みんな俺のことを知っとるんや。違うんかコラ！」

麦わらの老人が怒鳴り散らしながら私の目の前にやってきた。だいぶ酒に酔っているようだ。

「俺はここで寝とった人間や。そこの交番もみんな俺のこと知っとるんやぞ。お前、意味わかっとんのかコラ？　俺はここの奴が死んでショックなんや。みんな俺のこと知っとるんやぞ！」

ここの奴が死んだ？　どういうことなのか麦わらの老人に尋ねても話にならなかった。そこから三十分以上、「俺はここの顔やぞ。違うんか？」と私に絡み続けてきた。無視を決め込んでいたがさすがに鬱陶しい。

「俺はここの顔やぞ。意味分かっとんのか、コラ？」

「分かった、分かった」

私が面倒臭そうに返すと火に油が注がれた。

「なんやコラ！　お前、調子乗ったらあかんぞ！　俺は何十年ヤクザやっとったんだぞコラあ！　お前、この前コーラ買ってやったの分かっとんのか？　口ばっかり。お前、人生経験が足りねえ、俺を見習え、コラ！」

散々人に迷惑をかけ、挙句に食えなくなったヤクザか。非常に胸糞が悪い。国民の税金で人にコーラ奢ってデカい顔するな。コイツに渡っている金など無駄でしかない。「生活保護受給者」ではなくコイツを一人の人間として見て感じた結果だ。これも生活保護バッシングになるのだろうか？

「聞き流しときゃいいから、聞き流しときゃ」

　寅さんが小声で私に訴えかける。「先輩、もう遅いから帰ったほうがええですぜ」と寅さんがなだめると、「みんな俺のこと知っとるんやぞ？　わかっとんのかコラ！　帰るぞコラ！」と暴れながらようやく麦わらの老人はいなくなった。

　その様子を隅で見ていたのか、入れ替わるようにして若い男が私たちにチラシを渡してきてはこう言った。

「よかったら私とちょっとお話しませんか？」

　チラシには富士山の写真が載っていた。某新興宗教の勧誘である。なぜ、このタイミングで勧誘しようと思ったのか。馬鹿にしているのだろうか。

「あっち行けクソ宗教が！」

　私がチラシを押し返すと寅さんは手を叩いて笑っていた。

　時間が経ち冷静になると、麦わらの老人の「俺はここの奴が死んでショックなんや」という言葉が妙に気になってきた。今日駅前通路にやってきた寅さんに聞いても分かるわけがないので近くのホームレスに聞いてみると、なんと数日前に四郎が死んだのだという。

　朝起きるとダンボールの上で冷たくなっていたそうだ。死因はみんな「分からない」と答えたが、上野公園のベンチに座っていたホームレスがこんなことを言っていた。

「最近、駅前の通路にいたホームレスが寝たままの格好で死んだ。糖尿病を患っていたらしいから血管が破裂したんだろう」

四日間降り続いた雨がようやくあがった。今までは四日くらい雨が続いても「最近雨ばっかりだな」くらいにしか思わなかったが、私はこの四日間のことを一生忘れないだろう。濡れた服やバックパックを乾かすために一日隅田川を挟んで上野駅前に戻ると、寅さんが目を見開いて駆け寄ってきた。

「おいおい、お前さんどこへ行ってたんだよ」

「隅田川で服を乾かしてたんですよ」

「俺よ、自立支援センターに入ってやり直そうと思うんだ。生活保護なんかよりも働いたほうがずっとマシだからよ。明日の朝センターの職員がここに迎えに来るからよ、お前さんも一緒に行かねえか。昨日もお前さんが来るのをずっと待っていたんだよ。一人より二人で協力したほうがよ、お互い頑張れるじゃねえか、な?」

寅さんの優しさと人懐っこさに私は涙を堪えた。できることなら寅さんに付いて行き、一緒に頑張りたい。しかし、嘘を付き通してセンターに入所するなんてことはおそらく無理であるし、許されないだろう。私は寅さんの誘いを断るしかなかった。

「ちょっと考えますよ」

「考えてたらこのままズルズルいっちまうって。嫌なら無理には誘わねえけどよ」

寅さんは上京して以来、ガードマン・生活保護・自立支援センター・ホームレスを行ったり来たりしている。このままではいけないと奮闘するも、どこへ行っても長続きしないのだ。しかし、今この瞬間は「働いてやり直したい」と思っている。

「お前さん、今いくつなんだい？」

「二十九です」

「なんだ、若けえじゃねえか。まだまだやり直し利くんだからよ。悪いことは言わねえから今すぐに働けって。このままじゃ住所もなくなっちまうぞ。そうなればもう飯場に入るほかなくなっちまうんだぞ」

素朴な疑問だがホームレスになると住民票はどうなるのだろうか。

「住所なくなっちゃうんですか？」

「当たりめえじゃねえかよ。住民票がなくなると働きたくても働けなくなるんだぞ。お前さんも大人なんだからそんくらい勉強しとかないとダメじゃねえかよ」

実態調査や家族からの申し出などによりその住所に本人が住んでいないことが確認されると、市区町村の権限で住民票を削除することができる。これを「職権消除」という。

黄色のチョッキを着た男性二人が駅前通路をパトロールしている。都の仕事だろうか。隅田都庁下は「第三建設」が管理していたが、台東区は「第六建設」が管理している。

川（墨田区）で荷物を盗まれたときは、バックパックに「第五建設」と書かれた撤去要請のシールが貼ってあった。

　寅さんが男性二人組を引き留め、地べたに膝を立てて聞く。

「すみませんが、その仕事はどこで見つけたんだい？」

「ハローワークにも求人広告にも載っているので誰でも応募できますよ。ご興味があるんですか？」

　二人組の一人が戸惑いながら答えた。

「うん。俺その仕事やりたいだよ」

　二人組がいなくなると寅さんは痛む腰をかばいながらやっとの思いで涅槃の格好に戻った。私はといえば、身体がまだピンピンしているにも関わらず「まだ仕事はしたくない」と言い逃れるしかない。「実は取材で」とは言えないことが辛くなってきた。

「お前さんは何が気に入らないんだい。あれも嫌これも嫌じゃダメなんだよ。仕事を選んでいる場合じゃないだろう。飯場が嫌なら場所を教えてやるから、漫画喫〝ちゃ〟に行って今すぐ面接してこいって。説教しているわけじゃない、お前さんのためを思って言っているんだからな」

　次の日の夜、駅前通路に行くと寅さんの姿はなかった。

　この通路には一人、中東系の顔をした外国人が寝泊まりしている。今日もいたので拙い英語で話を聞くことにした。ネパール人のシバは三十五歳。押上のカレー屋でコックをしていたが、コロナ禍でクビになり三カ月前からこの場所に寝ている。

ネパールに妻がいて二カ月後には子どもが生まれるという。ビザもあと二年残っているので国にはまだ帰りたくないとのことだ。「大船で友だちがカレー屋をやっているからそこに行けば働ける」とシバは言うが、財布を落として大船まで行く交通費すらないそうだ。

私は「これで大船まで行って、もしダメだったらまた上野に戻ってくればいい」と三千円をシバに貸した。

いろいろ疑問に思うことはあったが嘘なら嘘で構わない。

シバと話しているとトコトコと寅さんが歩いてきて、下に何も敷かずに涅槃の形になった。自立支援センターはどうしたのだろうか。

「お前さん、その外人に何をあげたんだよ」

私は一連の事情を寅さんに説明した。

「いくらなんでも人が良すぎるだろうよ。きっと騙されてるんじゃねえか？　そいつに三千円よこすなら俺にも千円ばかりくれてもいいじゃねえか」

「嘘なら嘘でいいんですよ。でも仮に本当だったらどうするんですか」

悪く言えば「正直者は馬鹿を見る」ということになるが、これは私がホームレス生活を送るうえで身についた考え方だ。生活保護も炊き出しもこの考えのもと回っていると思っている。三千円という小さな額が私をそうさせていることでもあるが。

実際のところシバは一向に大船に行く素振りも見せず、その後も当たり前のように駅前通路にダンボールを敷いて寝ていた。「大船に行かないのか」と問うと、「三千円は落としてしまった」と真顔で答えた。


「自立支援センターはどうしたんですか?」

「飯場に入れるガードマンの仕事を見つけたんだよ。明日からそこに入るつもりだからよ」

当然、雇い主には生活保護を受給していることは伝えていない。「バレたらバレたでそのときだ」と寅さんは言う。

「現金でもらえればバレやしねえよ。銀行振込だったらヤバいけどな。稼いだぶんは返せって国に言われるだろうけど、そんなもの無視しちまえばいい。今日もお前さんを探しに来たんだ。一緒に飯場に入ってガードマンの仕事をするんだよ」

一人では心細いのかもしれないが、きっと親が子を見るような気持ちなのだろう。

「僕はいいですよ」

すると寅さんは今までにないほど真面目な表情で語気を強めて私に言うのだった。

「お前さんいいか、よく聞け。俺だって若いときはずっと働いてたんだぞ。自衛隊に四年入って、そのあと原発のガードマンをして、東京に来てからもずっと働いてんだぞ。俺は頭が悪いからろくな仕事に就けないけどよ、それでも二十年以上働いてんだぞ。いい加減、目を覚ますんだよ」

飯場の肉体労働は辛い仕事だ。しかし、「こんな仕事、俺がやることではない」と働きもしない若者がいたとすれば、それは自惚れ以外の何物でもない。

「お前さん、社会に出て何年目なんだい？」

「四年目です」

私は大学時代、海外放浪にハマってしまい、卒業に七年もかかってしまった。

「十年は働かないと年金がもらえなくなるからな。俺は自衛隊にいたから厚生年金もある。あと四年辛抱すれば月に十一万円入るんだからな。このままじゃ俺がアリでお前はキリギリスになっちまうぞ」

寅さんによれば「働くなら路上にいたほうがマシだ」という理由で、年金がもらえる六十歳までホームレスをしながら時間を潰している人などいっぱいいるという。

「ところでよ、上野に来る前はどこで寝ていたんだい」

「新宿です、都庁下」

「そっちは行ったことねえからな。どうだい都庁の下は？」

「東京の路上で寝るなら都庁下一択ですよ。二十四時間布団を敷いていても何も言われないし、炊き出しもいっぱいあるし、区役所に行けば週に三回シャワーも浴びられるんですよ」

「本当かよ、俺も都庁の下に行きたいだよ」

次の日、今度こそ寅さんは駅前通路からいなくなった。その後、上野でも都庁下でも寅さんの姿を見ることは一度もなかった。

生活保護を受けることは国民の権利であり、後ろめたさを感じる必要などない。しかし数日間とはいえ人間関係を結んだ身からすると、寅さんには青梅のアパートではなくどこかの現場でガードマンをしていてほしいと思う。

東京文化会館軒下

八月二十三日。

駅前通路から四郎も寅さんもいなくなってしまい、それだけで雰囲気は寂しいものへと大きく変わってしまった。「ホームレスの世界は得てして入れ替わりが激しいからね」と黒綿棒が言っていたが、今それを実感している。

上野公園には目測で三十〜四十人ほどのホームレスがいる。その多くは東京文化会館の軒下にダンボールを敷くなどして暮らしている。東京文化会館の営業時間は午後五時までとなっているが、閉まったからといってすぐに軒下で寝ていいわけではない。ホールは二十二時まで利用可能なため、その時間に消灯となる。すると、公園内のベンチなどで過ごしていたホームレスたちが軒下に集まってくるのだ。

消灯後、東京文化会館の周りを歩いてみると、ホームレスたちの中にいくつかのグループができていることに気が付いた。その中から私は、六十代くらいの中年男性と二十代くらいの青年が二人で暮らしている一角を選び、となりで寝かせてもらうことにした。

青年はキャリーバッグを一つ転がしているだけだが、中年は大荷物だ。夜になると公園周りのガードレールに括り付けている台車を押してやってくる。

荷台の上にカーペット、掛け布団、毛布、タオルケットが重ねられ、それをブルーシートで二重に包み、その上にダンボールを数枚置いて、またブルーシートで包む。それらを紐とゴム紐でグルグル巻きにして荷台の取っ手に結び付ける。

夜、大荷物を解体する様子を見ていると、ダンボール数枚は青年のものだった。青年はそのダンボールを軒下に敷き、キャリーバッグを枕にして眠る。「ただ一緒に寝ているだけ」と青年は言っていたが、それだけ歳の離れた二人が路上で共同生活をしている

東京文化会館軒下の様子

というのは珍しく、親子のように見える。

公園の夜というのはとにかく蒸し暑い。木で覆われているため風通しがあまりよくないのだ。来園者もほとんどいないので私は上半身裸になり、濡れタオルを顔にかぶせて眠った。

翌朝、六時に軒下を出た「仮親子」は、国立科学博物館前のベンチに離れて腰掛けていた。私は青年のとなりに座り、五分ほどの沈黙の後、話しかけた。

「いつから路上ですか？　僕は一カ月前から」

「まだ二カ月くらいやね」

出身は奈良だという青年。髪にはツーブロックの段差がまだわずかに残っている。

「日中はどこにいるんですか？」

「いや、居場所なんてないから。ずっと公園のベンチに座って夜になるのを待っているだけですよ」

「この辺は手配師が多いですよね。声掛けられませんか？」

「掛けられるけど、今すぐに働ける状況じゃないから」

「怪我とか、ですか？」

「まあ、いろいろですよ」

会話がまったく続かない。あまり人には話したくない事情があるのだろう。中年もべンチに座ってずっと下を向いている。目の前では近所の人たちが元気にラジオ体操をしているが、どんよりとした朝だった。

それから約三週間後の九月十六日、上野公園でこんな事件があった。産経新聞の報道を引用する。

16日午前6時45分ごろ、東京都台東区上野公園の上野恩賜公園公衆トイレ内で、「男性2人が首をつっている」と男性警備員から110番通報があった。駆け付けた警視庁上野署員が、男性用個室内で60代と30代くらいの男性2人の遺体を発見した。自殺とみられ、上野署は2人の身元の確認を進めている。

同署によると、男性2人は扉の金具部分にロープを巻き、ドアに背を向けて横並びの状態だった。遺体に外傷はなく、鍵は閉まっていた。30代男性の財布内に遺書のようなメモが残されていたという。午前2時ごろに警備員が巡回した際には、異常がなかったという。

死んだ二人の情報からするに、自殺した男性二人組はもしかするとあの「仮親子」ではないか。先を案じ、それならもう二人で死んでしまおうといつも暮らしていた上野公園で命を絶ったのではないか。そのとき私は、上野公園を離れ荒川の河川敷に暮らしていたが、「仮親子」を探しに上野公園に戻った。

ホームレスの世界というのはとても狭い。都の調査によれば、二〇二一年十一月時点での東京都の路上生活者数は八百人。こちらも実態を表しているかと疑問だが、マンモス高校一つ分くらいの規模感である。二カ月路上で暮らし、炊き出しを回って生活していると顔ぶれも覚えてくる。

あのホームレスは本当にいつも炊き出しにいるな。あのホームレスいなくなったけどどうしたのだろう。あのホームレスは最近生活保護に流れたらしい。といった感じでお互いがお互いを認識している。私も、「あの若い奴最近路上に来たんだな」と思われているはずだ。

果たして、「仮親子」は見つからなかった。ならば、上野公園にいるホームレスに聞いてみればすぐに分かることである。奏楽堂前のベンチに座っていたホームレスに声を掛けると、「あの事件ね」とすぐに教えてくれた。自殺があったのは公園内にあるコーヒーショップの裏のトイレだったという。

「私、自殺が発覚する一時間前にそのトイレ使ったんだよね。騒がしくなってきたからなんだろうなと思ったら自殺だった。自殺があったのは男子トイレの個室。朝、多目的トイレのカギを開けに来た警備員が全部のトイレを点検するんだけど、そこでふたりの死体を発見したんだって」

ニュースでは男性二人組と報道されていたが警備員は初め、「男女二人組」と通報した。

「一人は六十代の男性、もうひとりは三十代の男性なんだけど女装をしていたわけ。だからはじめ警備員は、〝男女がトイレで心中した〟と思い込んで、警察に通報したんだけど、あとあと調べたら両方男だと分かったみたい」

女装した男性の首は発見時、傷だらけになっており、はじめは他殺の線も浮かんでいた。しかし現場検証を進めるにつれ、本人の爪の跡だということが分かり自殺と断定された。あの青年が女装をしていたという線も捨てきれないが、ほかのホームレスに青年のことを聞くとすぐに別人だと分かった。

正岡子規記念球場前で酒を飲んでいたホームレスが話す。

「あの兄ちゃんはな、俺たちで面倒見ていたからな、奈良の実家に帰らせたんだよ。こんなところにずっといてもしょうがないからな。みんなで可愛がってたんだ」

一緒に暮らしていた中年も変わりなく公園で暮らしているという。完全な私の思い過ごしであった。

私たちにはどうも、ホームレスたちのことを悲劇的に、そしてドラマチックに見てしまう部分がある。ホームレスとの何気ない交流や彼らの過去は、小説のような人間ドラマ風に美化され「エモい話」として他人に伝わっていく。

たしかに「エモい話」もあるにはあるのだが、ホームレスも「エモい風」に誇張して話している感すらある。やはり誰でも物語の主人公になるのは気持ちがいいのだ。

となりで炊き出しの文句を言っていたようなホームレスが小綺麗な服を着た女性に話しかけられると、たちまち「エモさＭＡＸ」の昔話を披露し始めたりする。

その様子を見て私は、「お前そんなんじゃないだろう」と心の中で突っ込み、「彼らが路上でこれだけ頑張っているのだから私も頑張らなくちゃ」といった顔で「またお会いできたら嬉しいです」などと言いながら駅に向かって歩いていく女性を眺め、となりのホームレスとまた元の話題に戻るのである。

年金ホームレスは生活保護を受けない

「世間の人たちはホームレスのことを悲惨だと捉えているでしょう。もちろんそういう人もいるんですよ。だけども、今となってはそういう人のほうが少ない。昔はそういう人ばかりだったけど、辛い人は生活保護に行けるようになった（二〇〇八年の年越し派遣村を機に）んだから。今でもホームレスやっている人っていうのは、僕らみたいに年金をもらっている人が多いんですよ」

上野公園で暮らして十八年というホームレスの「コヒ」が公園内のベンチに座り、スーパーで買ったキムチをツマミに焼酎を飲みながら話す。

私はホームレス生活中、年金を受給しているホームレスに多く会ったが、彼らの受給額はおおよそ七万～九万円であった。その理由をコヒは非常に分かりやすく説明してくれた。

保険料の納付月数が短く受給額が少ない場合、たとえば三万円／月で貯蓄がない人であれば、多くは生活保護を受けるはずだ。しかし、厚生年金にも加入しており、たとえば十四万／月を受給できる人であれば、生活保護を受けることはできないし、そもそも部屋を借りることができる。

では、七万～九万円／月の人が生活保護を受けるとどうなるか。

月に十二万七九二〇円（台東区在住65歳単身者の場合）の生活保護費のうち、少なくとも家賃（住宅扶助）として五万三七〇〇円が差し引かれ、生活扶助は七万四二二〇円となる。そこから「共益費・管理費・光熱費」もかかってくるため、自由に使える金がホームレス時よりも減ってしまうという現象が起きてくる。

「だったら路上でもいいから少しでも自由に金を使えたほうが俺はいい」

そう考える人がホームレスになっているのだ。実際にホームレス生活をしていると分かるが、路上で暮らしながら月七万～九万円の収入があれば相当リッチな生活ができる。だって、私は三千五百円／月でもなんとかなっているのだから。

現にコヒはその七万円で雨が降ればサウナに泊まり、私のように雨の日に泣きじゃくるといった思いもせずに済んでいる。

「言葉が悪いけど昔のホームレスというのは乞食でしょう。今のホームレスはただ家がないというだけなんだけど、昔の考え方で止まっている人が多いんだよね。このおじさんなんて成城石井で買い物してるんだから」

コヒはそう言いながらとなりに座るバンダナを頭に巻いたホームレスに話を振った。

バンダナのホームレスが自慢気に話し始める。

「俺は毎日モーニングコーヒーを飲んで、昼から酒を飲んで、優雅な暮らしをしてんだぞ。公園の客は気を遣って声を掛けてくるけどな。俺の通帳見てみるか？　君のお父さんよりも金持っている自信はあるぞ。いくらだと思う？」

金を持っているとはいえ仮にもホームレスである。二十万くらいだろうか。

「バカ、二十万ならこの封筒に入ってるぞ」

バンダナのホームレスはポケットから封筒を出し、現ナマ二十万を見せてきた。

「そんなの周りに見られたら夜狙われますよ」

私が注意するとコヒも「兄ちゃんの言う通りだよ」と封筒をしまわせた。コヒは最後にこう言った。

「ホームレスという呼び方もそのうち変わるんじゃないかな。昔は〝ホモ〟と言ったけど、今は〝ＬＧＢＴ〟と呼ぶでしょう。たぶんそういう方向にいくと思うんだよね」

私もコヒのこの視点がとても腑に落ちる。

しかし、ホームレスを選んだことで自由に使える金が増えるといっても、その額はたかが知れている。私がコヒの立場なら、間違いなく生活保護を受けて屋根のある暮らしを選ぶはずだ。そこはもう、個人の感覚の違いとしか言いようがない。

年金の話をホームレスに聞くたびに疑問に思っていたことがあるが、ホームレスは何の問題もなく年金を受け取ることができるのだろうか？　寅さんが言うように、ホームレスの状態が長くなると住民票は「職権消除」されてしまう。

コヒに聞くと、「住所がないと年金はもらえないよ」と話していた。住民票が削除されるたびに、どこかの施設に入所してそこに住所を置き、またホームレスになるという繰り返しをしたり、お金を払ってどこかに住所を置くのだという。

しかし、社会問題に詳しい弁護士の大城聡氏は、

「住民票がないからといって、年金を受け取る権利が消滅するわけではない。支払いが止まったとしても、あくまでどこに行ったかが分からないので支払いをストップするということだと予想されます」と話す。

「住所がないと年金はもらえない」という情報はホームレスの間でまことしやかに広まった噂ではないのか。年金事務所に問い合わせた。以下は電話で聞いた内容である。

まず、年金受給開始の手続きをする際には、住所の登録が必要になる。振込の案内などの書類を定期的に送る必要があるためだ。

では、年金受給中にホームレスになり、住所を「職権消除」された場合はどうなるか。現状、受給者の住所は住民票の住所と連動することがルールになっている。そのため、住民票が「職権消除」されれば、その事実は年金事務所に伝わり、生存の確認が取れていないという理由から年金の支払いは停止される。

ただ、毎年誕生日に「現況届け」を近くの年金事務所に提出すれば、生存の確認が取れたということで、住民票の住所がない状態でも引き続き年金を受給することができる。

このように年金事務所に問い合わせをすれば、「現況届け」の存在を知り提出することができるが、コヒなどはそれを知らず、定期的に（おそらく誕生日付近に）どこかしらに住所を置き、更新をしているのだ。

宗教の研修に行くと千五百円もらえる

火・木・金・土の週四日間、韓国系キリスト教会が上野公園で行っている炊き出しには毎回百五十人以上の人が集まる。そのほとんどは生活保護受給者であるわけだが、私たち上野周辺のホームレスはもれなくこの炊き出しによって生かされていると言っても過言ではない。

　この週四日の炊き出しが仮にすべてなくなれば、それはホームレスにとって恐ろしいことであるが、「そんなことにはならないよ」とコヒがまことしやかにその事情を教えてくれた。

「上野公園の炊き出しは昔から韓国系キリスト教会がメインなんだよね。新宿でも韓国系キリスト教会が炊き出しをやっている。なぜかというとね、こういう慈善活動を写真や動画に収めて母国で発表すると、国の富裕層から寄付金がものすごい額集まるんだ。それで儲かっちゃうわけ」

　炊き出しの食料はワゴン車で運んでいるものの、スタッフたちはベンツとかＢＭＷで来ることもあるという。大久保にある韓国系キリスト教会がホームレスたちに一万円を配っていた話にも頷ける。

　ホームレスになっても飯には困らない素晴らしい社会が続くように、韓国人の富裕層には今後も寄付を続けてもらいたい。嫌味などではなく本当にそう思う。

　この炊き出しにはホームレスでも生活保護受給者でもない人が来ることもある。私は十回以上この炊き出しを訪れたが、二十代後半くらいの男性が毎回来ていることに気が付いた。いつも周りにいるホームレスたちより辛そうな顔をしている。

　彼は会社の寮に住んでいたものの、コロナ禍でクビになり寮を追い出されてしまったのだという。

「自分は奇跡的に友人の家に泊まれているんですけど、クビになった同僚たちは路上で暮らしていたり、ネットカフェに泊まったりしています。僕は今一応別の仕事に就けてはいるんですが、すぐに家を借りられる状況でもないので炊き出しに来ているという感じです」

たとえば月に七万円の収入でも、本人の気の持ちようや状況によって、その辛さは大きく異なるはずだ。「ちゃんと働いてちゃんとした家に住みたい」と考えている人にとって月七万円という収入は絶望的でしかないが、コヒや長くホームレスをやっている人のように「もうこれでいい」と現状を受け入れてしまうと、途端に生活にゆとりができる。

今まではホームレスを見て、「路上で暮らすくらいなら生活保護を受ければいいのに」と思うこともあったが、彼らが路上で暮らし続ける理由が分かってきたように思う。

この青年に「自分は路上で暮らしている」と伝えると、「池袋の"TENOHASHI"に行くとたくさんもらえますよ」とアドバイスしてくれた。黒綿棒や鉄人がわざわざ歩いてまで向かうあの炊き出しである。

炊き出しはホームレス同士、生活保護受給者同士、そしてホームレスと生活保護受給者の情報交換の場となっている。炊き出しには始まるまでの待ち時間というものがどこでもあり、その間にいろんな人に話しかけられる。ある日、金儲けの話を持ってきた生活保護受給者がいた。

「兄さん、今日は研修行くかい？」

いきなり〝研修〟と言われて何のことかさっぱり分からなかったが、「前も一緒に研修へ行った兄ちゃん」と勘違いしていたようだ。聞くと某新興宗教の道場にみんなで行き、一時間ほどの研修を受けると千五百円がもらえるという。

まさかお人好しで研修会に行くメンツを集めているわけではないと思うので聞くと、この男は一人連れて行くごとに五百円がもらえるのだそうだ。

大久保にある韓国系キリスト教会の炊き出しに行ったときも研修の誘いを受けた。このとき声を掛けてきた男は生活保護受給者でもホームレスでもなく、その某新興宗教の信者であった。同じく研修に参加すると私は千五百円もらえるそうだ。なかなか参加者を募ることができない男が私にこんなことを言う。

「ほかに大勢集まる炊き出しないかな？」

そのとき男と居合わせた炊き出しは鉄人が教えてくれた「行くと三千円もらえる」教会である。そのためこの日も三百人を超える参加者が集まった。そこに目を付けて教会から出てくる人たちを待ち伏せしているとのことだが、毎回誘っていたらみんなに飽きられてしまったのだ。

どうやらこの男には、研修に何人連れて行かなくてはならないというノルマがあるようだ。本来、一度参加した人はもう研修には呼んではいけないというルールがあるそうだが、男は「何回来てもいいから。来るたびに千五百円あげるから来てよ」と必死である。その言い方からすると本部には内緒でホームレスを連れて行っているように聞こえた。男が諦めていなくなった後に一緒に勧誘を受けたホームレスに聞くと、「千五百円はアイツのポケットマネーだ」と言った。ノルマを達成するために自腹を切ってホームレスに小遣いを渡し、そのことは本部に伏せているのだ。

上野駅前にいた寅さんはこの某新興宗教に入会している。もちろん信仰心など微塵もないのだが、千五百円に釣られて何度も研修会に参加し、「冷たい飲み物と美味い飯」をくれるというので入会したのだという。

寅さんには情報収集という概念がなく、常に行き当たりばったりの生活をしているため、炊き出しにまったくと言っていいほど行かないし、存在すら知らなかった。そのため、「冷たい飲み物と美味い飯」に釣られてしまったが、この程度の見返りでは炊き出しに参加しているホームレスたちが入会するとは到底思えない。

「施設から逃げてきた」

東京文化会館の軒下でボランティア団体「ひとさじの会」が配ってくれたハンバーグ

弁当を食べていると、同じくとなりで弁当を食べながらタバコを吸っている、ものすごい早口な松花という男が話しかけてきた。

松花は四十代後半の見た目、軽度の知的障害があるように思えた。名古屋で生まれ職を転々とするも上手くいかず、自立支援センターや施設、生活保護を行ったり来たりしている。名古屋では泥棒で生活費を稼ぐこともあった。松花が話す。

「私はね、高校のとき五十メートルをね、五秒八で走ったんですよ。今はね、遅くなって六秒一ですけどね」

「めちゃくちゃ速いじゃないですか」

「そうなの。だからね、泥棒してもね、捕まらないの。逃げるときはね、もう死んでもいいって思いでね、細い道をダーッと走らないとね、逃げ切れないから。そんなんでね、捕まったら馬鹿らしいじゃない」

松花は最近まで飯場で土工をしていたが、自分は一生懸命やっているつもりでも「お前はいつもボケッと突っ立っているだけだ」と雇い主に詰め寄られ、嫌になって辞めてしまった。

今は施設に入所している。ホームレスがよく「施設、施設」と言うが、これらは「無料低額宿泊所」（通称・無低）と呼ばれるものだ。

西部編でも少し触れたが、生活保護受給者など生活困窮者を対象とした宿泊施設であり、無料または低額な料金で入ることができる。松花は無料の無低に入っているというが、なぜこんなところにいるのか。

「施設に帰らなくていいんですか」

「くだらない施設でね、荷物を置いてね、今日出てきたの。明日までに帰らなかったら生活保護の申請はなかったことになるんだけど、俺はもうそれでいいの」

松花が入った施設は金や物品の貸し借りが禁止だった。金がないので周りからタバコをもらいたかったが、それができないので出てきたという。今吸っているタバコは上野公園に住むホームレスからもらってきたものだ。

「一度生活保護の申請をしちゃうとね、もうほかの施設には移れないんですよ」

松花としては、一人でアパートに住みたいが、しばらくは施設にいなければならない。生活保護を受給してアパートに住む場合、上限はあるものの、初期費用も支給される。そのため、担当のケースワーカーによってはアパートではなく施設への入居を勧めることがある。安価なアパートとはいえ、初期費用はそれなりに高額になるからだ。ならばもっと条件のいい施設に行きたいので逃げてきたとのことだ。実際に生活保護が下りたときに返済するという約束で金を貸してくれる施設もあり、そういったところをこれから探すのだという。

アパートに移れるまで我慢しなさいよとも思ったが、施設にはこれも西部編でも触れたように、入居者を囲い込み、生活保護費を搾取するような業者が交じっている。生活保護を申請した時点で入居者の口座を押さえておき、受給が始まるとそこからピンハネし（もしくは手渡しで回収）、本人に渡るのは二〜三万円、といった手法で搾取するのだ。

嫌になって逃げ出せばまたホームレスになるしかない。貧困ビジネスを行っている施設は一部であるが、そういった悪質な施設に入ったという話が伝聞され、ホームレスは生活保護という制度自体に不信感を募らせていく。

ホームレスたちが「生活保護＝貧困ビジネス」と思い込んでしまっていることも問題であるが、そもそも貧困ビジネスを行う施設が根絶できていないことこそが問題だ。

松花の入所していた施設が良心的なのかそれとも貧困ビジネスを行っているのかは分からないが、彼のように些細な理由で逃げてしまう人も多い。そもそも集団生活ができないため、数カ月の施設生活が我慢できず逃げ出すことを繰り返しているホームレスが非常に多かった。

松花は弁当を食べ終わると、寝ているホームレスの真横にゴミを放り投げ、どこかへ行ってしまった。そんな様子を見る限り、施設でほかの住人と揉めている様子などすぐに浮かぶ。

翌日から仕事だというのに、入ったその日に飯場から逃げたことも多々ある松花。

「もうあんな仕事一生したくないんですよ」と苦い顔をする松花だが、飯場からの逃亡を繰り返した末、手配師たちからはブラックリスト扱いになり、どこの飯場にも入れてもらえなくなってしまった。

とはいえ、アパートに入居すればすべて解決するのかというと、そういうわけでもない。現に、寅さんが青梅のアパートを飛び出してあんなことになっている。国民全員が幸せな暮らしをするなんてのは無理な話ではあるが、では松花のような人間は見捨てるしかないのだろうか。

一日七食炊き出しツアー

白鬚橋の炊き出しに行くと、都内の炊き出しをすべて徒歩で回るという「鉄人」に再び会った。カレー弁当を二杯食べてすでにお腹いっぱいであるが、鉄人はこのあと都庁下の炊き出しに行き、そのあとは池袋、最後に上野公園にも行くのだという。土曜のこの日はとくに炊き出しが豊富なのだ。

「炊き出しツアーだ。國友くんも一緒に行くぞ」

ここから都庁まで歩くと一体何時間かかるのだろうか。都庁から池袋だってかなり遠い。そこからさらに上野まで歩いて戻るなんてもはや競技である。

「本当に歩いて行くんですか？」

「まさか歩いてなんか行くかよ。バスと電車で行くんだよ。國友くんは自転車があるからそれで来ればいい」

鉄人は昔助けた仲間のよしみで生活保護受給者たちから様々な助けをもらっているが、その中の一人から「あるパス」を借りているのだという。生活保護受給者には都営電車と都営バスをすべて無料で乗ることのできるパスが支給されるのだ。

当たり前だが不正行為になるので、初対面の前回は「歩いて回っている」という嘘を付いたわけだ。

自転車は山谷のその辺に停め、私も一緒に都営の電車とバスで行くことにした。まずは白鬚橋から山谷の泪橋まで歩いて十分。そこから都営バスで蔵前駅まで行き、都営大江戸線に乗り換えて都庁前駅に向かう。泪橋でバスを待っていると、自転車に乗ったおじさんが鉄人に手を振りながら近づいてきた。

「おう、たかちゃん。これから都庁の炊き出しに行くんだ。お前も一緒に行くか？」

おじさんは「たかちゃん」というらしい。たかちゃんは生活保護を受け池袋に住んでいるが、自転車で山谷まで遊びに来たのだという。結構な距離があるがパスは使わないのだろうか。たかちゃんが鉄人に言う。

「あんたにパスを貸しているんだから一緒に行けないだろうよ」

たかちゃんは長年、鉄人の紹介で、引っ越しセンターで働いていたそうだ。鉄人にパスを貸してもう十年経つという。

「たかちゃん、ホテル生活はどうだったい？」

「大浴場もあってよかったよ～」

病気療養か何かかと思ったが、たかちゃんはただ自腹を切ってホテルに泊まっていただけだった。鉄人が言っていた例の生活保護不正受給グループのうちの一人だという。たかちゃんの住んでいるアパートではBSが見られないようで、たまにBSを見るために上野の「スーパーホテル」や「サンルート」に泊まっている。

十三時過ぎには都庁前駅に到着した。炊き出しまではあと一時間近くあるので、ふれあい通りの共有スペースに腰を掛けて時間が経つのを待った。ここは私がホームレス生活の初日に眠った場所である。あのときはこれから待っている生活に不安しか抱いていなかったが、今となっては「そんなこともあったな」くらいの感覚だ。

想像していた生活とは〝いい意味で〟まったく違うものになっている。

十四時になったので行列に並ぶと見慣れた顔が一人いるではないか。「いるだろうな」とは思っていたが、元同居人の黒綿棒である。

「どうも、お久しぶりです」

私は後ろから黒綿棒の肩を叩いた。

「あれ？　え？　新宿に戻ってきたの？」

めちゃくちゃ嬉しそうな顔をしているじゃないか。

「いや、炊き出しに来ただけです。まだ上野にいますよ」

「そっか、そっか」

今度はめちゃくちゃしゅんとした顔をしている。

私は、「向こうの状況をいろいろ見ましたが都庁下から動く必要はまったくないですよ」と伝え、黒綿棒と別れた。お互いホームレスの状態で会うことはもうないだろう。いつかお互い〝表現者〟という立場で会うことがあるだろうか。

都庁周りの広場でもらった食料を広げると、今日のメニューはミニトマト・アルファ化米・バナナ・桃・栄養食品であった。黒綿棒が「トマトじゃなくてミニトマトにすればいいのに」と、この炊き出しに苦言を呈していたことを思い出す。

「國友くん、この桃はあげるから」

鉄人が桃を丸々一つ渡してきた。私はフルーツをそのまま食べるのが大の苦手である。

「さっきカレーを二杯食べたばかりでこんなに食べられないですよ。それにこの後もあるんですよね?」

「一日中移動してればお腹が空くから食べろって。こうやって炊き出しを回っていれば一日過ぎるのが早くていいだろ。じっとしていたらつまらないだろ。運動もできて飯も食えて健康的だろ。ほら、若いんだからいっぱい食べろって」

お腹を空かせるために炊き出しを回るとは、これこそ逆転の発想である。「若いんだからいっぱい食え」なんて会社の上司から飲み会で言われるような言葉を、まさかホームレス生活中に言われるとは。私は「オエッ」と戻しそうになりながら、桃を二つ食べきった。

この次は池袋の中央公園に弁当をもらいに行くのだが、新宿駅からJR山手線に乗って池袋駅に行くなんてことはしない。JRはパスで乗れないからだ。都営大江戸線で東新宿駅に行き、明治通り沿いで都営バスに乗って池袋駅東口で降りる。

バス停に着くと桃やバナナが入った袋をぶら下げた十三人の集団がわちゃわちゃとおしゃべりしていた。鉄人に聞くと全員生活保護受給者だという。

「あの四人は競艇仲間な。生活保護費を全部競艇に使っちまうんだ。ほかもみんなギャンブルで全額スっちまう奴らな。みんな俺みたいに炊き出しツアーを組んでるんだよ」

ルートとスケジューリングまで丸被りとは笑ってしまった。それはつまり、このツアーが考えに考え抜かれた末に確立されたものであるということだ。

池袋のバス停で下車し、みんなでゾロゾロと中央公園まで歩いて行く。いつの間にか、炊き出し歴五十年のよく喋る「九官鳥」も、ツアーに加わっていた。競艇の話で盛り上がる者、九官鳥のトークに耳を傾ける者、後ろ向きで歩きながらみんなと話そうとする者、なんだか遠足みたいな雰囲気なのである。

「國友くん見ろよ、カワウソカフェだってよ。カワウソって可愛いんだよなあ」

　前を歩く鉄人が後ろを振り向いて言う。

　生活に困窮した人たちが最後の助けを求めて炊き出しに集まる――そんなイメージを抱いていたが、それは私の勝手な思い込みであった（もちろんそういう人も来ている）。

　炊き出しの開始時間よりも早く中央公園に着いたので、サンシャインの二階にある屋外広場から中央公園を監視する。人が集まってきたら並ぶのだという。

「ここは弁当の数が少ないから一回でいいだろ。おかずが漬物だけであんまり美味しくねえんだよ。見ろ、もう並んでいる奴らがいるだろ。二回もらうために必死なんだ。あの連中はいくらでも食べるからな。底なしの胃だよ」

　パスを持っているけど身体が悪く都内全部を回れない人や、自転車がないホームレスなど、どうしても二回もらいたい事情があるのかもしれない。ただそこは新聞報道などに任せておいて、私は鉄人の話を聞き続ける。ホームレスがホームレスに「どんな事情があってここに来たんですか？」といった聞き取りなどするわけがないのだ。

「上野の炊き出しはもう覚えたんですが、山谷の炊き出しをもう一度教えてくれませんか？」

　前回、白鬚橋で鉄人に聞いたのだが、多すぎて忘れてしまった。

「まず、月・水の昼間はコロッケ弁当な」

「たしか山谷は、金曜は炊き出しないですよね？」

「あるよ。金曜日と土曜日。でも土曜日はこのツアーだから」

「なるほど。木曜日はないですね？」

「ないけど白鬚橋で毎週あるだろ」

「あ、そうでした。金曜日はどこであるんですか？」

「山日労センターの前で朝やってるよ」

「あ、山谷労働者福祉会館でやってるやつですね」

「違うよ、それは水曜日と日曜日（笑）。団体が違うんだから」

「じゃあ山日労センター前は金曜日だけなんですね」

「違うって（笑）。月・火・水と金曜日」

もうわけが分からない。おそらく鉄人も少しくらい間違えていそうである。とにかく山谷ではいつも飯が食えることは分かった。もはや、山谷から動かなくていいレベルだ。忘れちゃいけないのはこの上、上野公園でも週四回韓国系キリスト教会の炊き出しがあることだ。


——炊き出しを求めて路上生活たちが長蛇の列を——。

みたいな文言をよく新聞やニュースで目にするが、私が見た限りでは「メニューと場所を見比べて魅力的な炊き出しに食べに行っている」といった状態だ。なんて素晴らしい国なんだろう。嫌味なんかじゃなく、本当にそう思っている。

中央公園に弁当が届き、まもなくして炊き出しが始まった。先頭の男は弁当を受け取った瞬間に全力疾走で列の最後尾に付けた。二番目に付けていた八十歳は優に超えているだろう老人が、杖をつきながら必死で最後尾に走っていく。

三番目は体格の良い中年女性、四番目は細めの中年男性。その後ろは忘れたが、みんな弁当をもらった瞬間ものすごい勢いで杖をついた老人を抜き去っていった。人それぞれ事情はあるのかもしれないが、「食い意地を張る」という言葉をここまで的確に表す光景を私は今後見ることはないだろう。

そして十番目を超えたあたりからは、もうキャッキャしていた。弁当をもらいたいというよりも、もう前後の人間との競争を楽しんでいるのである。小学校のときによくクラスでやった椅子取りゲームを思い出した。

中央公園で弁当を食べると本当に苦しくなってきた。
「お腹がいっぱいで本当にもう入らないです」
私は鉄人に言った。もう上野公園なんて行かなくていいんじゃないか。

「何を言っているんだよ。ツアーのメインは上野公園なんだぞ。第三土曜日の今日は月に一回、カレーうどんとカレーライスが食べ放題の日なんだ。少なくとも一杯ずつは食えよ」

カレーうどんにカレーライス？　しかも食べ放題？　聞いてない。奮発して「しゃぶしゃぶ温野菜」に行ったときよりすでに食っている。

「本当にもう食べられないです。こう見えて小食なんです」

「あとちょっとだって。上野公園で有終の美を飾るんだ」

炊き出しツアーに〝有終の美〟なんてあるか。しかし鉄人は、「月に一回なんだから絶対に行くぞ」と言って聞かない。飯を食うことではなく炊き出しに行くことが目的になっている。

池袋から都営バスに乗り巣鴨駅前で下車。都営三田線で春日駅まで行き、そこから都営大江戸線で上野御徒町駅まで向かう。

「ほら、國友くん。ここで水を飲め」

都営線の駅のホームには浄水器が設置されている。持ち歩いているペットボトルに入れて飲むと、公園の水道水とは比べ物にならないほどキンキンに冷えていて美味かった。

そして夕方五時半、上野公園に到着すると、不思議なもので心なしか腹が減っているのである。結局、カレーうどんとカレーライスを一杯ずつ食べ、最後に「明日の朝ご飯

鉄人推薦のカレーうどん。一日七食の締めくくりだ

に」と、おにぎりとゆで卵までもらった。この日、私が食べたものをもう一度思い出してみよう。

カレー弁当（二個）・ミニトマト・バナナ・桃（二個）・漬物弁当・カレーうどん・カレーライス。バナナと桃はデザートセットだとしても、全部で七食である。翌朝、ものすごい量の便が出た。

新宿西口地下広場で鉄人を探せ

カレーうどんとカレーライスを平らげ、国立科学博物館の前にある踊り場で休憩していると、後ろで髪を結いた四十歳くらいの男を鉄人が指差す。

「國友くん、アイツは本当によく喋るぞ。まだ三十八歳なのに累計で刑務所に十三年間入ってるんだ。全部傷害。喧嘩っ早いからな」

白鬚橋で一度見かけたター坊だ。

「仲いいんですか？」

「仲いいなんてもんじゃないよ。なついちゃってよ、いつも俺の後ろ付いてくるんだよ。アイツは児童養護施設で育ったからよ、俺のことを親だと思ってるんだよ」

腹も落ち着いてきたので鉄人と踊り場を後にすると、ター坊が走って追いかけてきた。

ター坊は鉄人のことを「とっつぁん」と呼んでいるようだ。

「ちょっととっつぁん！　待ってくれよ。俺も一緒に帰らせてくれよ。とっつぁん、どこに行くんだよ」

カレーうどん二杯とカレーライス一杯を食べたター坊は、山谷のドヤに暮らしている。生活保護を受けているが、もらったその日にパチンコで全部使ってしまうのだという。家賃を節約するため一泊千八百円の事故物件ドヤに住んでいる。借金に追われていた住人の生首が、共同キッチンの生ゴミと一緒に捨てられていたそうだ。

「とっつぁん、一人連れてきて五百円なんて俺のことを舐めてるよな。人を誘うのにこっちだっていくら使ったと思ってんだよ。だからもうやらないんだ。そのほうがいいよな、とっつぁん」

ター坊は某新興宗教の勧誘の手伝いをしていたが、労力と見返りが釣り合わないことに気が付き、もう辞めるのだという。

「僕も研修に何度も誘われましたよ」

上野公園でホームレスをしていると、キリスト教やら某新興宗教やらいろんな宗教に勧誘される。ター坊が私のほうに身体を向けてさらにまくし立てる。

「アイツらひどいんだよ。俺のことをなんだと思ってるんだよ。俺にあれだけ働かせておいてよ、やることが汚すぎるんだよ。ところで名前はなんていうんだい？」

「〝くにとも〟といいます」

「〝国沢〟さんね。よろしく。俺は山谷に住んでいるけどよ、こうやっていつもとっつぁんと一緒にいるんだ。なあ、とっつぁん。とっつぁん国沢さんを弟子にしたのかい。国沢さんのことを可愛がってあげるんだよ、なあ、とっつぁん」

「そうだよ。弟子を可愛がるのは当たり前のことだろ」

鉄人が面倒臭そうに返す。私はいつの間にか鉄人の弟子になっていたようだ。名前を訂正する暇もなくター坊が喋り続けるので〝国沢さん〟になってしまったが、面倒なのでもうこのままでいい。

「国沢さんは生活保護受けてるの？　受けてないなら今すぐに受けなって。誰でも受けられるんだからさ」

「國友くんはまだ生活保護はダメだよ、受けないよ」

「なんでだよとっつぁん。あんなの誰でも受けられるだろ？」

「そういう問題じゃないんだよ」

鉄人は都営大江戸線に乗ってこれから新宿に行くらしい。聞くと、鉄人が住んでいるのは山谷ではなく新宿西口の地下広場だという。

「國友くん、困ったらいつでも西口に来ていいからな」

鉄人と別れ、ター坊と二人でバスに乗り山谷へ帰ることになった。

この日東京では新型コロナウイルスの新規感染者数が五千人を超えていた。第五波の真っただ中であるが、ター坊は泥だらけのマスクを顎まで下げ、相変わらず大きな声で喋り続ける。一時間一緒にいたら正味五十七分は喋っているだろう。

「国沢さん。納豆食べな、納豆。コロナ菌は納豆の臭いが嫌いなんだから。納豆食べてれば絶対大丈夫だから」

車内全体にター坊の声が響き渡る。山谷にはあと何分で着くだろうか。

ター坊は最後の刑務所を出た後、飯場に入って働いていたが、一時期コロナ禍で仕事が激減してクビになり、生活保護を受け始めた。今はだいぶ仕事は戻ってきているようだが、生活保護は受け続け、そのままドヤで暮らしている。

鉄人との出会いは五年前。まだター坊が働いていたときだ。給料から差し引かれる寮費をパチンコに注ぎ込むため、飯場から退去。新宿西口地下広場で路上生活を始め、路上から仕事に通っていたという。そこで鉄人と出会い、三年間生活を共にした。

今は倉庫のアルバイトに単発で行っているという。収入があればそのぶん生活保護費から差し引かれる。しかし、たとえば月に十万円収入があったとしても翌月十万円引かれるわけではなく、細かく分割して引かれていくのだという。

そのためター坊は目の前の金を得るためにひたすらアルバイトをこなし、何カ月も先まで生活保護費の返済が溜まりまくっている。収入がありすぎてそのうち打ち切られると思うが、蓄積した返済分はどうなるのだろう。バイトをしているとはいえパチンコで常に無一文なので返せるわけもない。

「国沢さん、倉庫のバイト明日からでもやりなって。これ電話番号だから。山谷の人に聞いたって言えばいいからさ。誰でも採用するからさ、金がなくて路上で暮らしているなら絶対にやったほうがいいって」

数日後、その番号に電話をして働きたい旨を伝えると、「住所がないと申し訳ないですが働けません」と受付の女性が言う。「そりゃそうだよな」と思いながら電話を切り、私はコロッケ弁当でももらいに山谷に行くことにした。

それから二週間後の金曜日の夜、新宿西口地下広場へ鉄人を探しに行った。秋雨前線の停滞で九月に入ると再び雨の日が続くようになっていた。

夜八時頃、地下広場を探して回るがまだホームレスの姿はあまりない。手配師に声を掛けられ、どこの現場か聞くと拝島だという。黒綿棒を飯場に連れて行った手配師である。

十時になるとだんだんとホームレスが集まり始め、それぞれダンボールを敷いて寝場所の確保をしている。そろそろ鉄人も来るころかとウロウロしていると、ホームレスたちと大声で喋っているター坊の姿があった。新宿のパチンコ屋で金を使い果たし、山谷に帰る電車賃がなくなってしまったのだろうか。

「国沢さん！　とっつぁんに会いに来たのかい。とっつぁんは向こうの公衆電話のところにいるから。行けば分かるから早く行きな！」

公衆電話まで歩くと、地面に敷いたチラシの上でパンツとランニング姿の鉄人が横になっていた。ヨレヨレのランニングからは乳首が見え隠れし、通行人は目のやり場に困っている。

「國友くん、今までどこに行ってたんだよ。ずっと待ってたんだぞ」

「さっきター坊に会いましたけど、なんでこんなところにいるんですか？」

「アイツは三年間ここで俺と暮らしてたからな。寂しくてたまに泊まりに来るんだよ。俺はもう十年。長いだろ？」

「ター坊も可愛いですね」

「可愛いって言ったって、四十のおっさんだぞ」

鉄人は以前、路上生活を始めて四十年と言っていたが、「本当は十年」だという。部屋を借りたりサウナに住んだりしながら転々とし、本当は六十五歳で退職。そこから十年間この地下広場に寝泊まりしている。

「エスカレーターを降りたところにチラシがあるからよ。いっぱい持ってきてみろ。俺が國友くんの寝床を作ってあげるから」

東京都の広報誌を鷲掴みして鉄人に渡すと、ガムテープで丁寧に一枚一枚貼り合わせていった。そして最後に、鉄人の寝床と私の寝床も貼り合わせた。まさかのダブルベッドである。

「ここは二十三時から五時までは眠れるから。明日は白鬚橋に行ってまた都庁な。昨日は生活保護の受給日だったから空いてるよ。みんな明日はギャンブルで忙しいからな」

忘れていたが明日は例の炊き出しツアーの日だった。どうにかして断らなければ。

ダブルベッドに横になると「ピーンポーン」というチャイムが五秒おきに鳴っていることに気が付いた。そしてときおり録音されたアナウンスが入る。

「東京都第三建設事務所と新宿警察署が警告します。この地下広場は多くの都民が利用する公共施設です。ここにダンボールなどを敷いて寝起きをしたり、煮炊きをしたりする行為は道路法および道路交通法で禁止されています。ただちに止めて片付けてください」

天井の電灯はギンギンに点いているし、とてもじゃないがこれじゃ眠れそうにない。

「出ていけって言われてますけど、警備員に何も言われないですか?」

「言われないよ。ダンボールを敷いている奴はたまに言われるけどな。俺はダンボールを敷かないから十年間何も言われてないよ。綺麗だろここ。雨風しのげて」

やはり雨風が完全にシャットアウトできるという条件に勝るものはない。

「路上で寝るなら上野より新宿ですね」

「当たり前だろそんなこと。冬になれば教会が冬用の寝袋と一万円のダウンをくれるからな。冬になるとみんな寝る場所を地下に地下に下げていくんだ。下のほうが暖かいからよ」

暖気は上に、冷気は下に行くのが常識だが、地上に近くなればなるほど外の風が入り込んでくるため、ここでは逆になるのだ。

しばらくしてター坊が帰ってきた。今日はやはり鉄人のとなりで寝るのだという。「倉庫のバイトは行ったのか」と聞かれたので、「住所がないとダメみたいです」と言うと、「もっと頭を使わなきゃホームレスはやっていけないよ、クニちゃん」とター坊が喋り始めた。いつの間にか呼び名がクニちゃんになっている。

「ダメだよ、そんな馬鹿正直に言っちゃ。そんなの見るわけないんだから。適当にそのへんの住所言っておけば大丈夫なんだから。俺だってドヤの住所なんて教えてないんだから。生活保護受けてることだって知らないよ。俺と一緒に行ってみるかい？　もう金なんてないんだからさ」

生活保護の受給日は昨日だったはずだが、一日で全部パチンコに使ってしまったらしい。そこからター坊は三十分以上一人で喋り続け、途中で呼吸が追い付かなくなり死にそうになるくらい咳込み始めた。喘息持ちらしい。水を飲んで落ち着いたター坊はまた喋り始める。

「俺はコロナじゃないからよ。あんなのかかるわけねえんだ、なあとっつぁん」

「ああ、かからないよ。俺は不死身だから。最強人間だから」

ター坊が、腰が痛くて眠れないので毛布を取りに行くという。西口の地下にはホームレスの荷物が無数に保管されているエリアがあり、そこに自分の毛布があるらしい。「一緒に来てくれ」というので付いて行くことにした。

毛布を取って戻ろうとすると、「あれ、藤本さんがいるじゃねえか」と柱に寄りかかりながらスマホをいじっている気弱そうな細身の男にター坊が話しかける。

「藤本さんよ、明日は仕事ないのかい？　あるんだったら俺とクニちゃんっていうこの若者と二人で行きたいんだけどよ」

仕事内容はポケモンカードの買い付け。藤本という男は転売グループの下っ端のようだ。一人の人間が何度も同じ商品を買おうとすると、転売防止のために店側に断られてしまう。後で調べて知ったが、現在ポケモンカードには転売屋たちが群がっており、大幅に値上がりしているのだという。

「明日は朝七時に新宿駅東南口集合だって。だからクニちゃん今日はもう寝よう」

現金にありつくことができ、ター坊がさらにご機嫌になっている。炊き出しツアーはもう行きたくないいし、鉄人には悪いが明日はポケモンカードを買いに行くことにしよう。

しかし明日のことでテンションが上がってしまいター坊は一向に眠りに就けない。

「あー、眠いよとっつぁん。とっつぁん、眠いな」

「寝ろよ」

鉄人が目をつぶりながら心なしか語気を強めて言った。ター坊は五分ほどすると盛大ないびきをかき始め、結局眠れずに朝まで起きていたのは私だけだった。周りを見るとみんなスヤスヤと眠っている。慣れというのは恐ろしいものだ。

ポケモンカードの転売屋

飯場、日雇い、ビッグイシューの販売、ダンボール手帳など、正規の仕事以外にホームレスが金を稼ぐ方法といえば、やはり空き缶集めのイメージが強い。しかし、空き缶集めの仕事は隅田川の高架下にいたホームレスが言うように、小屋を立てて一つの場所に定住しているホームレスが主に行っている。

今の私と同じように日中はどこかに浮遊し、夜になるとどこかで寝る移動型のホームレスはなかなか手を出しづらい仕事だ。では移動型のホームレスが正規の仕事以外で稼ぐ方法はないのか。

一つは私がこれからター坊とありつこうとしている転売屋の買い付け。中国人観光客の爆買いがブームになったときは、彼らの代わりに商品を買い付けて来る仕事が多かった。もう一つは、パチンコ抽選の代理。パチンコ屋の前には朝早くに行列ができていることがあるが、買い付けと同じく頭数要員でホームレスが呼ばれる。一度並ぶごとに大体千円、日に何店舗か回ることが多い。

「拾い」と呼ばれる、街中で拾った雑誌や衣類などを売る仕事もあるが、こちらは衰退気味だ。そもそも売れるようなものがその辺で拾えるような時代ではなくなったし、拾ったものを買ってくれるような人もかなり減ったのだという。

これは完全に非合法だが、特殊詐欺の連中が「仕事をしないか？」とホームレスに声を掛けてくることもある。黒綿棒は以前、オレオレ詐欺の出し子（被害者が振り込んだ金をＡＴＭから引き出す役）の勧誘を受けたことがある。実際に誘いに乗り、出し子を請け負ったホームレスもいたと黒綿棒は話していた。

朝五時に地下広場を出たが、集合時間まではまだ二時間もあるので、小滝橋通りのすき家に入り、朝飯を食べることにした。私は牛丼並盛を注文し、三分ほどで食べ終わったが、ター坊はまぜのっけ朝食を十分以上かけて食べている。口に飯が入っているときですら喋りたくて仕方がないのだ。

小銭がなかったので私が千円札を店員に渡すと、ター坊は店内に通るような大声で、

「お、クニちゃん、おっ金持ちぃ～！」

と私の背中をドンと叩いた。早朝の牛丼は貧困の味がした。

時間になり、待ち合わせ場所に着くと、私を入れて全部で十四人のホームレスが集まっていた。七時を過ぎても一向に藤本が姿を現さず、四十代くらいの若いホームレスが「藤本、アイツまたやりやがったな」と鼻息を荒くしている。

そのホームレスに聞くと、藤本のような転売屋の末端（ホームレス担当）はほかにも何人かいて、その中でも藤本が群を抜いて出来が悪いのだという。時間が勝負の買い付けにこのように遅刻してくるし、とにかく要領が悪いそうだ。

ホームレスたちが藤本の要領の悪さにイライラするのには理由がある。

たとえば今回のポケモンカードの買い付けの場合、購入した際にもらえる領収書一枚を藤本に渡すと千円がもらえる。一日の買い付けで平均して五千円の稼ぎになり、週に三〜四回ほど仕事に就けるという。つまり、私たちの給料は藤本の要領にかかっているのだ。

「藤本に電話をしよう」という話になったが誰もスマホを持っていなかったので、私が電話をすると、三十分遅れで藤本が到着した。

人数を確認し、券売機で切符を買い全員に配る。渡されたのは七百六十円のＪＲ一日乗り放題（区内）パス。そして現ナマの一万五千円。この金でポケモンカードを買えるだけ買ってとのことだ。上野駅前の寅さんなら間違いなくこの時点で持ち逃げしている。

「みなさん、この切符はなくさないように。なくしたらその時点で帰ってもらうか、自分で切符を買ってもらうことになりますから」

「遅れてきた人間が何を偉そうに言ってんだよ」と野次が飛んだ。手配師とホームレスくらいには力関係に差があるのかと思っていたが、藤本は完全に舐められていた。

「えーと、初めは原宿の Supreme に行きますので。みなさんには店で抽選を受けてもらうんですが、当たった人には二千円、外れた人は申し訳ないけどゼロ円です。駅を降りたら抽選が終わるまで会話はしないでください」

原宿駅から店まで歩く間、ター坊はもちろんのこと、誰一人藤本の言うことを聞かずにベラベラ喋っていた。店の前に着くと、「ちょっと待っててください」と藤本が転売グループの「親」らしき人物と電話をし、「はい、はい、分かりました」と汗をかいている。

「みなさん、すみませんが Supreme はなしになりました。今から池袋のビックカメラにポケモンカードを買いに行きます」

しかし、池袋駅のホームに降りたところで藤本がまた電話を始め、「池袋はやっぱりなしで新宿に戻る」という。新宿駅西口のヨドバシカメラに着くと、すでに二百人近い行列ができていた。みんな転売目的なのだろうか。

私たち一行の風貌から何かを察したようで、「ホームレス使ってまで買い占めるなよ」といった顔で睨みをきかせてくる。

「今から渡す紙に書いてある商品を、上から順に買えるだけ買ってください」と、藤本がその場で紙とペンを取り出し、殴り書きした。しかし、字が汚すぎてまったく読めない。「読めねーよ、バカ」とホームレスたちが怒っている。

するとと、となりにいた七十代くらいのおじいちゃんホームレスが、「私は何回もこのポケモンカードを買いに来ているから分かるよ」と私に商品名を教えてくれた。「シャイニースターV・イーブイヒーローズ・蒼空」と読むらしい。七十代のホームレスからそんな単語を聞くことになるとは思いもしなかった。

結局、西口のヨドバシカメラはすべて売り切れとなり、誰一人ポケモンカードを買えないまま、今度は東口のヨドバシカメラに行くことになった。

「みんな急いでください。お願いだから付いてきて！」と藤本が走り出した。ター坊だけが藤本と競うように走って行ったが、私もふくめほかのホームレスはタラタラと歩いている。西口が売り切れなら東口も売り切れているに決まっている。案の定、走って向かった藤本とター坊ですら、一枚もポケモンカードを買えなかった。

ここで藤本の同僚なる男が加入し、藤本組と同僚組の二手に分かれて川口と浦和美園に向かうという。途中までは埼京線で一緒なので新宿駅に入り、駅構内でしばしトイレ休憩。藤本の同僚がスマホを持っていないとのことで、スマホを持っている私が同僚組

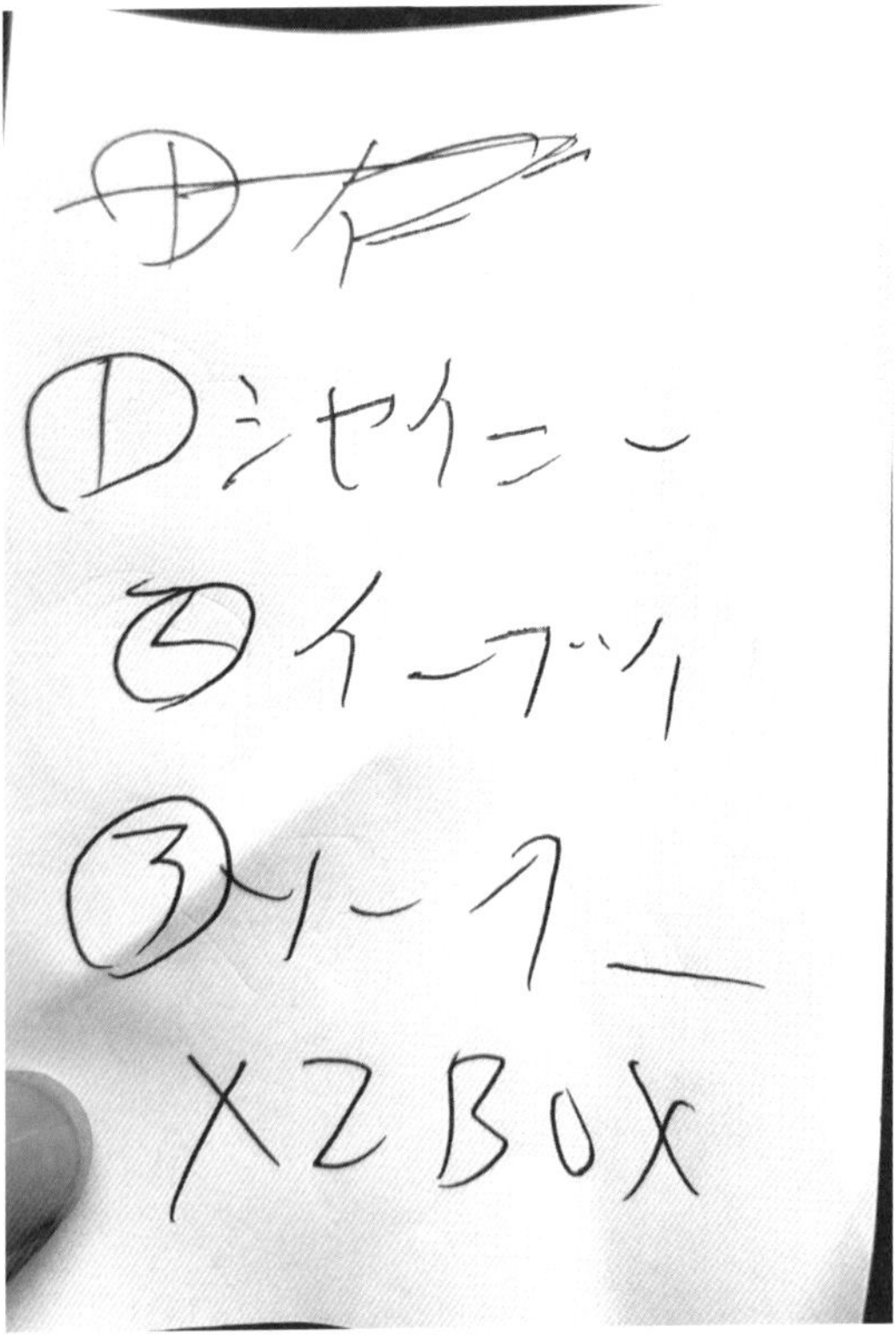

藤本が書いた読めないメモ。ポケモンカードの商品名だ

に付いた。

　埼京線のホームに着いたところで藤本がまた電話している。

「すみません、川口と浦和美園じゃなくてみんなで幕張に行きます」

　ホームレスたちから舌打ちと溜め息が漏れる。さすがにマズいと思ったのか、藤本が妥協案を出す。

「もう嫌になったという人は千円渡すのでここで帰ってもいいです。もし、幕張まで来てくれたら、もう千円渡します」

「俺はもう帰るわ」とホームレスが一人、千円をもらって帰って行った。ター坊が私のところへ駆け寄ってくる。

「なあ、クニちゃんどうするよ。クニちゃんが千円でいいって言うんだったら俺もここで抜けるぜ。幕張まで行ってもポケモンカードが買える保証なんてないんだからよ」

「もちろん僕は最後まで行きますよ」

　すでに昼の十二時を回っている。早朝であれだけ並んでいるのに今から幕張まで行って買える気はしないが、ほかのホームレスはみんな付いて行くというので私も行くしかない。

　東京駅で京葉線に乗り換える。京葉線はＪＲのパスが使えないので藤本が全員分の切符を買う。三十分ほどで海浜幕張駅に着き、改札を出たところで親から電話が入り、しばらく「ここで待っていて」と言う。それぞれトイレに行くなりプラプラするなりして時間を潰していたが、ここでター坊が突然パニックを起こし、藤本に掴みかかった。

「藤本さんよ、俺一万五千円なんて握らされてたらこのまま持ち逃げしちまいそうだよ。お願いだから店に着くまで預かっていてくれねえか。俺おかしくなりそうだよ」

いつでも金を持って逃げることはできるが、ここで逃げたら藤本はもう仕事をくれなくなる。ター坊は一日中葛藤していた。すると、「俺も預かってくれ、頼む」と次々にホームレスたちが藤本に金を預け始めた。

そして、「幕張も売り切れた」との情報が入った。「すみません、二千円と言ったけどやっぱり千五百円で」と藤本が言い出し、しばし全員で揉めた後で今日の買い付けはすべて終了。千五百円を受け取ったホームレスたちは目の前の売店で酒とツマミを買い、駅のホームで酒盛りを始めたのであった。

手配師の京太郎

ホームレス生活中、新宿駅西口や上野駅前で荷物を背負って歩いていると、一日に何度も手配師たちに声を掛けられた。

「仕事探していないか？」

「兄ちゃん仕事探してない？」

「お兄さん、お仕事探していないでしょうか？」

と人それぞれ声の掛け方も違う。そこで私が「仕事に行きたい」と言えば、その手配師が契約している飯場に入り、各現場に配属されることになる。

手配師は飯場に労働者を契約させることで金がもらえるのだが、私が手配師について知っている情報はたったそれだけだ。ホームレスとして手配師と関わる場合、歴然とした力関係が生じる。もちろん使われる身のホームレスが下だ。

路上で声を掛けてきた手配師を質問攻めしたところで、「働け」と一蹴されてしまう。ましてや、家があって、仕事があってという普段の生活では手配師との接点などあるわけがない。

私はこの二カ月の間、路上で会った人々には取材であることを誰にも伝えてこなかった。嘘をつき通し、ホームレス対ホームレスという立場で関係を築いてきた。身分を明かした上でのインタビューといった形では捉えきれない、リアルなホームレスの景色を見るためである。

しかし、上野駅前で私を惨めにさせた手配師の京太郎にだけは、途中で身分を明かした。上野公園の炊き出しに行き、駅前でいつものように京太郎がやってくるのをひたすら待った。

駅前で会ったときには分からなかったが、京太郎は誠実な人間だった。

「人と人との出会いというものは大事にしないといけないからよー。お互い、知らないことを知れるだろ。そういうことだからよー。俺が知っていることは全部教えてやるよー」

ホームレス生活を終えた三日後、上野駅前で京太郎と再会し、喫茶店に入った。なお、読みやすさを重視するため、ここでは京太郎の独特な話し方は割愛する。

國　そもそも手配師にはどういった経緯でなったんですか？

京　俺が働いていた建設会社の社長が人材派遣まで事業を拡大し、俺はその部署に配属されたんだよ。そこでしばらく手配師として働いて、独立して自分の会社を作ったんだ。

國　会社は一人でやっているんですか？

京　違う。仲間とやってるよ。手配師と営業で分かれている。手配師は街で働き手を探して、営業は建設会社と契約を結んでくる。俺は両方やっている。

國　もし私が手配師になりたいと言ったらなれるものなんでしょうか？

京　労働者よりも手配師のほうが圧倒的に数は少ないからな。労働者として会社の信用を得ないことには手配師にはなれない。手配師をやっている奴はほとんどがその会社の元労働者だ。現場で怪我をして手配師になる奴もいる。それも信用がないとなれないがな。

國　すべての手配師がどこかしらの会社に属しているのでしょうか？

京　一匹狼でやっているフリーの手配師もいる。俺がやっているような会社に声を掛けて、一人連れてきたらいくらという契約を結んでいる。

國　会社に属している手配師も歩合制ですか？

京　会社によるが、うちは月給＋歩合だ。月のノルマが決まっていて、それを超えれば歩合が発生する。

國　会社に人を連れてくるだけでいいんですか？

京　連れてきた人間に契約してもらわなきゃいけない。これは関西も関東も一緒だが、契約したあとに三〜四日働けば、一人ノルマ達成とカウントされる。

國　一人の手配師につき、どれくらいの人数を契約させられるんでしょうか？

京　月にせいぜい十人だな。会社でやっている場合、手配師は基本三人。朝・昼・晩のシフトで回している。

國　想像よりも少ないです。

京「仕事がない」と被害者面して仕事を選んでいるからな。歳食った人間だって一緒だ。たしかに大手の会社は怪我されたら困るから、年配の奴らをあまり雇わないが、小さいところなら関係ない。俺の会社でも六十五歳を超えた男たちが頑張って働いている。仕事がないんじゃなくて肉体労働をしたくないだけという奴が本当に多い。選んでいる場合じゃないのによ。今、目の前にある仕事をやってみればいいのにやらない。それで「仕事がない」と炊き出しに行っているような奴が俺は許せない。そういう奴がしまいには生活保護を受け始める。

國 怪我や病気、本当に事情がある人は仕方ないと思いますが。

京 俺だってそう思うよ。セーフティーネットは必要だが、そこに群がるような奴がいることは事実だ。そのせいで俺たちが仕事にならないんだからな。

國 手配師の収入はどのくらいなんでしょうか。

京 大体、月に二十〜三十万くらいだな。歩合がメインの会社の奴は二十万円をきることもある。

國 ヤクザとの関係は?

京 上野に手配師立たせるなら上野のヤクザにみかじめ料を払う。ただ、今は払っていないところも多い。うちだって払っていない。今ヤクザは強く出たらすぐに捕まるからな。ヤクザにどっぷり浸かっていた昔は手配師が殺されることもあった。働くことが決まっていた労働者を横からかすめ取るとかな。今、殺し合いはないぞ。

國 労働者をかすめ取っても?

京　ならない。たとえば俺が声を掛けた男が働くとなったら、「ちょっと待ってろ」と連れて行く準備をするだろ。その間にほかの手配師が連れて行ってしまうこともある。逆に、「明日から仕事が決まっている」という男がいれば、「俺のところは今日から働けるぞ」と連れて帰る。でもどっちを選ぶかは本人が決めることだからな。昔はそれやると殺されたけどな。

國　手配師はどんな人に声を掛けるんですか？

京　お前みたいに若かったり、新入りの奴は別として、ホームレスだと分かっている奴には声は掛けない。すぐに辞めるからな。声を掛けるのは仕事をクビになったり辞めたりしてフラフラしている奴。ネットカフェで生活している奴とかな。見れば大体分かるんだ。意外と多いのがタクシー運転手だ。あいつらは釣銭を自分で用意しなきゃならないんだ。釣銭は五万あればいいんだが、ギャンブルで全部スッて五万もありませんって奴がよく働きに来る。

國　頻繁にホームレスに声を掛けている手配師もいませんか？

京　それはフリーで手配師をやっている奴らだ。会社に属している手配師はホームレスには声を掛けない。会社に入れた奴が三日で辞めようと一カ月働こうと、フリーの手配師に入る金は同じだろ。だからホームレスに小遣い渡して、「三日で辞めてこい」と言う。そんなことをいろんな会社でやらせている手配師がいる。持ちつ持たれつみたいな関係になっている。俺からしたらふざけるなって話だ。そのせいで俺の会社も、建設会社の人間からそいつらと同類と見られることがあるからな。

國　上野駅前に布団で寝ている私を見たとき、どう思ったんですか？

京　家出でもしたのかと思ったな。喧嘩なのか何なのか知らないが、実家を出てフラフラしている若い奴多いぞ。話聞くとよ、「やりたいことが見つからない」とか言って何もしないんだよ。俺はそういう奴に言うぞ、「お前、このままじゃ終わっちまうぞ」って。まずは目の前にあることをやるんだ。嫌な仕事が三十日間頑張れたら、もう三十日やってみればいい。なのにトライすらしないんだ。

國　私は連日声を掛けられて、だんだん惨めな気持ちになりました。術中にハマっているなという実感がありました。

京　そうだろ。そりゃ、やり方ってのがあるからな。頭ごなしに否定しても反発するだけで惨めな気持ちにはならないんだ。まずは、「お前の気持ち分かるよ」ということを相手に伝えなきゃいけない。その上で、「でもそれじゃしょうがないだろ？」と寄り添うんだ。心を許させて、相手の気持ちに入り込まないと、「よし、行こう」とならないだろ。

3章 河川敷編

教会の小遣いでテントを買う

九月六日。

ホームレス生活を始めて一カ月半が経った。所持金七千円で路上に放り出され、どうにかして金を作らねば飢え死にしてしまうと、当初は焦燥感に駆られていたが、食料に使った金といえば初日に「買ってしまった」八十円の食パン一斤と二リットルの水、百円ローソンのジャム一つ。このジャムも気付けば蟻が湧いており、一度使ったきりで捨ててしまった。

むしろ生活を快適にするためのグッズに金を割いている。自転車の荷台にするためのワイヤーネットと結束バンド、隅田川で雨を避けるために使ったレジャーシート。都庁下がハロゲン灯で眩しかったのでアイマスクを買い、荷台に積んだ荷物が濡れないように買った自転車カバーは一日で盗まれた。

そして、上野駅前の手配師京太郎の話術にハマり、勢いで敷布団を捨ててしまった私は、実はその三日後にダイソーで六百円のヨガマットを購入している。

そういえば、炊き出しツアーの交通費もあった。

しかし、教会でもらった三千円とポケモンカードの買い付けで手に入れた千五百円を財布に入れてみると、気付けば初日の七千円よりも増えているではないか（ダンボール手帳の仕事は、私はやりたくてもできないので、それで稼げる分の金は銭湯に充てた。それは勘弁）。

もはやほかに金を使うあても見つからない。残しておいても仕方がないので今何が一番欲しいか真剣に考えてみることにした。

思い返せば、二日目から黒綿棒と過ごした都庁下の路上は、ほかの場所を凌駕するほど快適であった。それはもう、西成のドヤとハイアットリージェンシーのスイートルームくらいに歴然の差がある。

その理由は、二十四時間ベースを張れるということに尽きる。ホームレス生活を送るうえでこれほど便利なことはないし、逆に「夜に来て朝に出る」ことほど不便なことはない。

隅田川の小屋に定住するホームレスたちを見て、私は心からうらやましいと感じた。そして私は次第に、「自分の家が欲しい」と思うようになっていた。

公園に小屋など立てれば即撤去であるし、隅田川も新規に小屋を立てようものなら警備員がすっ飛んでくる。しかし、山谷でコロッケ弁当を食べた帰りに近くの荒川河川敷を訪れた際、そこに暮らすホームレスに聞いてみると、

「河川敷はほかの場所みたいには取り締まりがない」

というのだ。そのホームレスによれば、たとえば墨田区の路上や隅田川の高架下は「第五建設」の管轄となっているが、こと河川敷に関しては国土交通省の管轄なのだという。荒川河川敷には国土交通省によって撤去されたホームレス村があるのだが、全部が全部撤去されてしまうわけではない。

これはあくまで推測であるが、撤去されてしまった村は村になったから撤去されたのであって、点々と住んでいる分にはどうだろうか。

だが、小屋を立てるにはベニヤ板や大きなブルーシート、場合によっては骨組みに使う塩ビ管などを買う必要があり、手持ちの金では足りない。そこで私は八千円でキャンプ用のテントを買うことにした。ワンタッチで開閉ができる優れモノだ。

試しに一晩だけ雨で苦しんだ隅田川の高架下にテントを立てて寝てみたが、今までの寝心地に比べると圧倒的に快適である。これが二十四時間使い放題と考えると笑いが止まらなかった。私はテントを自転車に積み、ここを最後の居住地にしようと決め、荒川河川敷に向かった。

荒川河川敷といっても範囲は南北にかなり長い。さて、どこに寝床を構えるか。

私は年金がないのでやはり炊き出しありきの生活になることには変わりない。山谷や白鬚橋から自転車で十分ほどの八広という駅の周辺には、野球場やサッカー場が広がっている。その川沿いには幅約五メートルほどの茂みがあり、ホームレスたちの小屋やテントが点々と並んでいた。

ここからなら気軽に山谷にも行けるし、少し頑張れば上野公園にも行くことができる。私は、八広駅徒歩五分の野球場の奥にある茂みを定住地にすることにした。

この場所には約百メートルの間に、十軒弱の小屋とテントが並んでいる。しばらく前まで小屋が立っていた場所なのだろうか、草木が禿げているスペースがあったので、手で残った草の根などを取り除き、その辺に捨ててあった絨毯を敷き、レジャーシートをかぶせ、その上にテントを立てた。

近くのコーナンで厚手のレジャーシートを買い、テントの中に敷き詰め、さらにヨガマットを重ねる。テントの出入り口をメッシュにして寝転がると、心地よい風が通り、目の前の草木がフサフサと揺れていた。

真夏の季節が終わった。これほどまで季節の変わり目を肌で感じたのは初めての経験だった。

空き缶拾いで生きる

九月八日。

これまでの疲労の蓄積もあってか、昨晩は貪るように眠りこけた。路上で熟睡できた

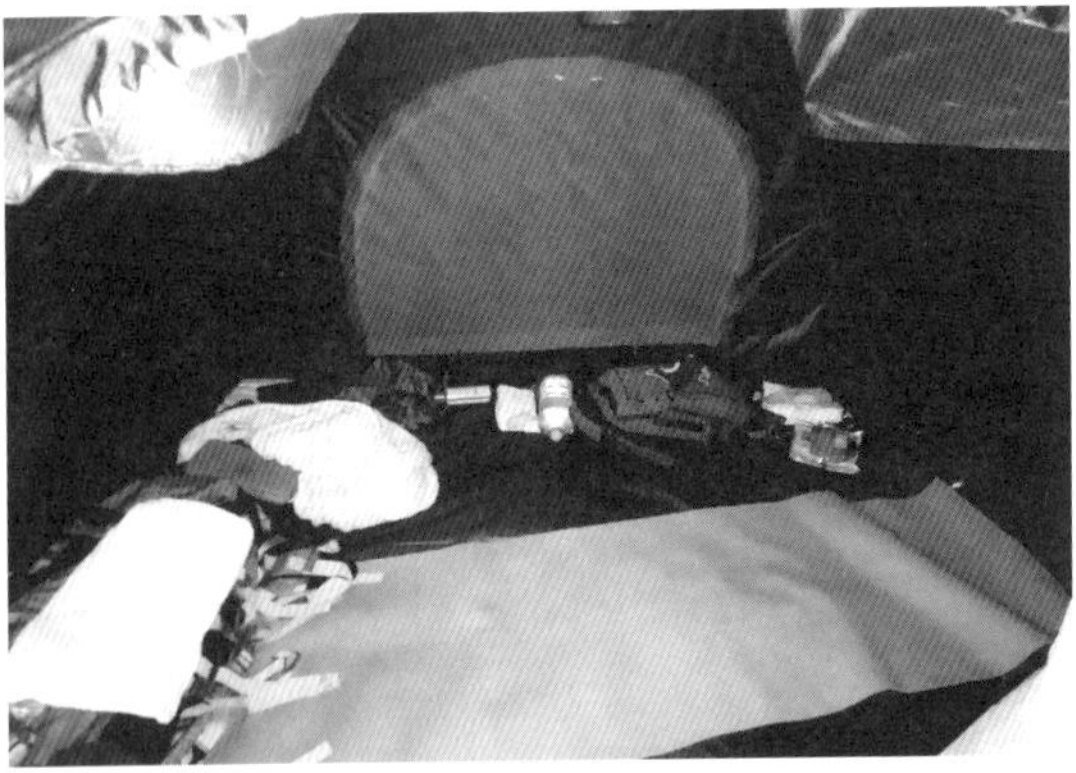

快適すぎるテント生活

試しがほとんどなく、常に寝不足の状態が続いていたのだ。

出入り口をメッシュにしていたので朝日で目覚めてしまったが、乾いた風が気持ち良すぎて十一時まで二度寝をした。

自転車で炊き出しに行き、帰宅後はまた昼寝。結局この日は一日中テントの中で寝て過ごした。


以前、山谷で炊き出しを待っている間、リヤカーに空き缶を積んだホームレスに聞いた。

「こんなにすごい量どこで集めるんですか。これでいくらになるんですか?」

そのホームレスは白内障で片目を失明していたが、強靭な肉体で一日に四十キロ以上の空き缶を集めると言った。アルミの価格が一キロ百八十円なので、日に七千円超だ。さすがに毎日は無理だというが、多いときで週に六回は稼働するそうだ。

「今はこんなにアルミの値段が上がっているんだから、やらない選択肢はないだろ。ただ、缶を拾うときはマンションの敷地には入らないようにな。この前仲間がそれで捕まって留置所に十日間入ったんだから」

調べてみると、墨田区で空き缶拾いをすると条例違反で捕まる可能性がある。しかし、台東区では今のところ取り締まる条例がないようだ。荒川河川敷でホームレスが言っていたように、この場所なら二十四時間テントを張っていても何も言われない。そうなれば、私も空き缶拾いをやってみるほかない。

コーナンで手袋を買い、ゴミ袋はその辺で拾った。まずは山谷に向かい、道路沿いに設置されている自動販売機のゴミ箱をひとつひとつ開けていく。ドヤ街というだけあり、このエリアは競合が多いのではと思っていたが、ゴミ箱の空き缶はほとんど残ったままだった。

おまけにドヤ街の住人たちが缶ビールや缶チューハイを飲みまくるものだから、缶の仕分けも楽だった。

アルミ缶は売れるがスチール缶は売れないのである。逆に、オフィス街では缶コーヒーやペットボトルが多く、仕分けが大変だった。仕分けが大変ということはすなわち、アルミ缶の比率が低いということだ。

そして、空き缶拾いを続けるうちに気付いたことが二つある。

一つは、人通りの少ない場所のゴミ箱ほど、空き缶がたんまり入っているということだ。そもそも、人通りの多い場所にあるゴミ箱には鍵が付いていたり、結束バンドで縛られていたりして蓋が開かないようにしてある。そして、人通りの多い場所のゴミ箱は、捨てられる量が多い分、おそらく業者の回収の周期が短い。仮に蓋を開けられたとしても中身がほとんど空であることが多かった。

逆に狙い目なのは人通りの少ない場所にあるゴミ箱である。こちらは業者の回収の周期が長く、溢れかえっているゴミ箱まであった。そんなゴミ箱が手付かずのまま放置されているあたり、ライバルはそこまで多くないような気がした。

二つ目は、自動販売機には管理している業者の社名が書かれたシールが貼ってあり、会社によっても回収の周期が違うということだ。ゴミ箱から空き缶があふれ返っている自動販売機の管理会社名を覚えて探してみると、そのシールが貼ってある自動販売機のゴミ箱にはもれなく空き缶が多く残っていた。

これらのようなことを空き缶拾い歴の長いホームレスたちは、経験則的に身体に染みつけているのだ。

そんなことを考えながら、三時間ほどチマチマと空き缶を拾い、翌朝八広駅の近くにある業者に売りに行くと、計二キロで三百六十円になった。時給に換算すると百二十円だが、一心不乱に拾い続ければ結果はかなり変わりそうだ。

しかし、日に四十キロという量は、このやり方ではどう考えても無理である。白内障のホームレスはきっと、団地やマンションなどの警備員などと個人的に契約をしており、まとめて回収できるルートが複数あるのだろう。

翌日、秋葉原に行くと駅前に大量の空き缶が並んでいる。緊急事態宣言下の今は、飲み屋が開いておらず、路上飲みが熱いのである。しかし、「これを全部拾っただけで八百グラムにはなるんじゃないか」と嬉々としながら拾っているときにふと気が付いた。

ここで百個空き缶を拾うということはすなわち、路上飲みをしているような人、百人と濃厚接触していることになる。

自転車に乗りながらゴミ箱を漁り、ゴミ袋に空き缶を詰めるとなると、汗をかいてどうしても顔が痒くなり、無意識に手袋で掻いてしまう。

炊き出しを回ると決めれば飯には困らないこの状況で、果たしてそこまでして空き缶を拾う必要はあるのだろうか。

隅田公園にダンボールを敷きながら寝泊まりしているというホームレスが、自転車に空き缶を山積みにしていたので「どこに保管しているのか」と聞いてみた。彼は「どこにも保管できないから、夜中の間に拾って朝そのまま売りに行くんですよ」と言っていた。

炊き出しを前提に生きているようなホームレスにとっては、「なんでそこまでして金が欲しいのか」という印象でしかない。一般社会でも人によって必要なお金は大きく変わるように、ホームレスも人によってその額は大きく変わる。

もしくはそのホームレスが、「人の助けは借りずに自分の力で生きたい」というポリシーのもと、路上生活を送っているかだ。

空き缶拾いにチャレンジしてみたが、到底マネできるものではない

五輪より少年野球が怖い

九月十一日。

東京五輪が開催される以前の私は、街でホームレスを見かけたとき、都庁下にいる人も上野公園にいる人も河川敷にいる人も、まとめて「ホームレス」として見ていた。しかし、ホームレスとして同じ目線から彼らを見ていると、ホームレスには「ホームレスレベル」というものが存在するように思う。

都心の路上で炊き出しにあずかりながら生活していた私は、五十年間空き缶拾いで生きているホワイトライオンや、河川敷の一角にある森の中に小屋を立て、誰にも知られることなくひっそりと猫と一緒に暮らしているホームレスなどを見たとき、自分とのレベルの差に感嘆してしまう。

どちらが上などと比べるものでもないが、少なくともまだ路上に出て二カ月であるホームレスレベル一の私には、彼らのような生活は到底マネできない。

そして、黒綿棒や島野君、四郎や鉄人など、炊き出しにあずかることを前提に生きているホームレスたちが皆一様に空き缶拾いには手を出していないことから考えると、ホームレスの代表的な稼ぎ口として見られている空き缶拾いは、実はかなりハードルの高いもので、言わば本気でホームレスをやっている「ガチ勢」にのみ許された仕事なのである。

とはいえ、ホワイトライオンも炊き出しにひょっこり顔を出すこともある。しかし中には、炊き出しを毛嫌いし、アウトリーチの食料をも拒み、空き缶拾いのみで暮らしているホームレスもいる。もはや、自立支援だとか生活保護だとか、私たちが救いの手を差し伸べるような領域の人間ではないように思える。

あと二週間で、元の〝平凡で陳腐な〟社会に戻ることが決まっている私には、空き缶拾いをやるような資格などないのだ。何事もなかったかのように、「翌朝八広駅の近くにある業者に売りに行った」と書いているが、空き缶拾いを終えた深夜四時頃、ポツポツと雨が降ってきたときには、あまりの孤独に絶望すら感じた。

空き缶を売って手に入れた三百六十円で私はワンカップの焼酎を買った。普段は酒などまったく飲まないのだが、河川敷で過ごす一人の夜は長い。酒でも飲んで頭をバカにでもしないとやってられないのだ。

夜中、頭上で「ボンッ」という大きな音がして飛び起きた。中学生～高校生くらいの子たちが夜に河川敷でロケット花火を飛ばしていたが、もしかしたら彼らだろうか。ヒヤヒヤしながらそっとテントを開けて見てみると、梅の実のようなものがそこら中に落ちている。上から降ってきたようだ。

翌朝、目が覚めるとテントの横でおばさんがその実を拾っていた。寝起きの私とメッシュ越しに目が合ってしまった。

「おくつろぎのところ失礼しましたねえ」

おばさんが頭を下げる。

「梅酒でも作るんですか？」

「梅酒ですか？　あの、これは梅じゃなくてクルミなのよ」

緑色の果肉をむしり取ると、中から見慣れた実が出てきた。クルミってこんな果肉が周りにくっついていたのか。

二度寝して起きると、外で「カキーン」と金属バットでボールを打つ音がする。外を見ると、目の前でファーストを守る男の子が「バッチコイ」とグラブを叩いている。土日は地元の少年野球チームが練習にやってくるのだ。

途中チームが入れ替わるなどして、夕方まで練習は続いた。私がテントを出てどこかに行こうとした場合、小学生たちからすると「ベンチ裏の茂みから出てきたホームレスがファーストとライトの間を歩いている」ことになる。

とてもじゃないがそんな真似はできず、土日はひたすらテントにこもるしかなかった。あまりにも暇なので、ほんのわずかだけテントを開け、隙間から子どもたちが受けるノックを見るなどして過ごした。

あまり声を大にしては言いたくないが、レフトの後ろにあるトイレにどうしても行けず、空になった炊き出しでもらった麦茶のペットボトルに「した」。絶対にペットボトルの中にすべてを収めるため、イチモツの先を口に密着させて用を足したのだが、これが完全に凡ミスだった。

梅の実ではなくクルミである

よく考えれば分かるはずなのだが、ペットボトルの中にすでにあった空気が行き場を失い、ペットボトルが噴射した。

ズボンを洗わずに放置していたら、たった一日でアンモニア臭がしている。ホームレスがこの臭いになってしまう理由が分かった。用を足すときにミスをすると一日であの臭いになるのだ。

練習が終わったら終わったで、「あそこに誰かいるー」と子どもたちが見に来る。すぐにほんのわずかな隙間もピシャっと閉じて中で静かにしているのだが、誰かのお母さんが「いいから、見ないでおきなさい！」と子どもに注意する。

こうやって「ホームレスは見てはいけないもの」とインプットされていくのだろうか。そのうち自分が親の立場になったら、子どもには「挨拶しなさい」と言うことにしよう。ただ、仮にこの状況で子どもに挨拶などされたらと考えるとゾッとしてしまうが。

何も知らないおとなりさん

九月十四日。

かれこれ一週間は荒川河川敷で過ごしているのだが、この一帯に住むホームレスの姿をまだ一人しか見ていない。小屋やテントは十軒弱あるというのに、みんなどこへ行ってしまったのだろう。村だと思って住んでいたが実は廃村だった――。そんなことを夜一人で考えていたら怖くなってきた。

しかし翌朝、「自分もずっとテントの中にいるしな」と冷静になり、この日は一塁側ベンチに座りながらずっと一帯を眺めていると、この村は〝ちゃんと〟村だった。

私のテントから北に二十メートルほど進んだところにある小屋の前で、ヒグマみたいな男が鉄の棒を振り回し、「ジャラジャラ〜！　ジャラジャラ〜！」とものすごい爆音を鳴らしている。

「どうも、そこにテント立てて暮らし始めた者です。それ、なんですか？」

「おうっ。あのテントは兄ちゃんのだったのか。これは運動不足の解消よっ」

鉄パイプの中に大量のパチンコ玉を入れたのだという。

南に十メートルほど進んだところに住む七十五歳の男は、二年前まで隅田川の「仮設住宅」に住んでいたそうだ。あの場所は二カ月に一度家を解体し、管理している「第五建設」から許可をもらわなければ住めないらしい。

要は定期的に解体させることで、小屋が巨大化したり物が雪だるまのように増えていかないようにしているのだ。その作業が面倒臭すぎてこの荒川河川敷に越してきた。

「もしかしてホワイトライオン知ってますか？　白髭と白髪がライオンのたてがみみたいになっている長老」

「ああ〜、分かるよ、分かるよ（笑）」

男は頷き、「いや〜色っぽい女の人がこんなところを夜一人で歩いていることがあるから。もう本当に色っぽくて、我慢できなくてしょうがないときがあるんだよ」と、突如まったく脈絡のない話を始めるのであった。

その男のとなりに小屋を立てている刺青の入ったおじさんは、小屋を作るのがとにかく好きらしく、四軒も作ってしまったのだという。土木の仕事とシルバー人材派遣の仕事の給料で、近くのコーナンで材料を買いまくるのだ。小屋があるのに全然人が住んでいないなと思ったのはそのせいである。このおじさんは近々、「アル中病棟」に入院するというので、また空き家が一軒増えることになる。

少し場所は離れるが、中トトロと小トトロでも出てきそうな藪の中に住むホームレスがこんなことを言っていた。

「僕のこと知らないの？　名前を調べたらいくらでも出てくるよ。創価学会の池田大作がいるでしょう。私は彼が北朝鮮人だということを日本中に暴いた人間なんだ。外界に出た瞬間に日本中の人間が私を殺しに来るからここから出られないのさ」

河川敷にいる限りはギリギリ「個性」と言えるのかもしれないが、無理矢理社会に引っ張り出して生活保護でも受けさせれば、彼はきっと「病人」扱いされるだろう。それは果たして彼の望むことなのだろうか。

廃村から一転、いつしか賑やかになっていた荒川河川敷だが、私のテントの真横にある小屋だけは本当に誰も住んでいないようである。何度声を掛けても何も反応はなく、一度も姿を見ていない。

ブルーシートをめくり、空間を覗くと、中からアンモニア臭がした。最近まで人が住んでいたのか、もしかすると中で死んでいるのか――。

私がブルーシートをビリビリ破り始め、小屋の中に入ろうとしたそのとき、くるまっていた毛布から人の手が飛び出し、「あ、あ、あ……」とかすれた低い呻き声がした。私はその場にひっくり返ってしまった。

「いたんですか！」

しばらくすると小屋の中でなにかがモソモソと動き出し、奥からパンツ一枚にランニング姿の小さなおじさんが出てきた。おじさんが何も言わずにこちらを見ている。恐る恐る話しかける。

「驚かせてしまってすみません。いないものだと思って」

「怖かったですよ。何をされるのか分からなくて黙っていたんです」

ずっと私の気配を感じてはいたが、いきなりブルーシートを破り始めたので毛布をかぶりじっとしていたのだという。しかし、ついには目の前まで私が来てしまったものだから、とっさに「幽霊のフリ」をしたのだという。

おとなりさんは現在六十七歳。月に七万円の年金で暮らしている。青砥で五万一千円のアパートを借りていたが年金だけでは家賃が払えなくなり、半年前の二月にホームレスになった。アパートのあったお花茶屋を出てサウナなどを転々としていたが、たまたま通りがかったこの河川敷で誰も住んでいない空き物件を見つけた。

しばらくその小屋に住んでいたものの、春になるとどこからか住人が帰ってきたという。そして、近くにあった別の空き物件に移動し、今に至る。

驚かせてしまったお詫びに残っていた食料を全部あげると、今度はおとなりさんが驚いている。

「こんなにいっぱいくれるんですか？　おたく、お金はどうしてるんですか？」

「上野公園とか山谷に行くと、食料がいっぱいもらえるんですよ。これはその余りです」

おとなりさんは、「へえ、そんなものがあるんですか」と目を丸くしている。毎日これだけ炊き出しがあるというのに、半年もホームレスをしておきながらその存在すら知らないということが信じられなかった。

次の日の夜、炊き出しでもらった食料を再びおとなりさんにおすそ分けした。外から「お父さん」と声を掛けるとすぐに出てきてくれるようになった。

「今日ももらっちゃって、すいませんねえ。おたく、そのテントはどうしたんですか？」

「教会がお金をくれたので、それで買ったんですよ」

「いいなあ。そっちのほうが全然いいですよ」

おとなりさんの小屋は、雨漏りはするし、夏は熱気がこもるし、冬には冷気が吹き込んでくるという。中を見せてもらうと畳一畳ほどのスペースしかない。小屋は結構大きいのだが、九割以上が荷物であり、わずかにできた隙間が寝室になっている。

教会で寝袋をくれることも当然知らない。毛布は橋の下で拾ったという。申し訳ないがおとなりさんの言う通り、住環境としては私のテントのほうが遥かに上である。

「お父さんみたいに年金だけでは家を借りられなくてホームレスになっている人を何人も見ましたよ」

「その人たちは最終的にどうなってしまうんですか？」

ほかのホームレスとの接点がなく、何も情報が入ってこないのだろう。私にすがりつくように聞いてくる。

「身体が動かなくなれば生活保護を受けることになると思いますよ」

「生活保護が受けられるなら受けて、普通の生活に戻りたいですけどね。やり方が分からないんですよ」

人目が気になって外に出られず、区役所にも行けないのだという。最低限の食料を買うのにスーパーに行くのと銭湯以外はずっと小屋に引きこもっているのだ。年金が振り込まれると数日だけ青砥のカプセルホテルへ泊まりに行くが、シルバー人材派遣やダンボール手帳の存在も知らないのですぐに金はなくなり、小屋へ戻るしかなくなる。

「とりあえず区役所に行って相談したほうがいいですよ」

「墨田区は生活保護が受けられないんじゃないんですか？」

「そんなことないですよ。それに生活保護はどこの区で受けてもいいんですよ」

「生活保護を受けるといくらもらえるんですか？」

「家賃を入れて十二～十三万くらいだと思いますが、もらっている年金分は差し引かれますよ」

「でも生活保護を受けるのにもお金が必要なんですよね？」

受けられるなら受けたいと言っておきながら、生活保護という制度について本当に何も知らないのだ。カプセルホテルに泊まったときに、なぜ調べようと思わないのだろうか。

上野や新宿には飯場の手配師のほかに、生活保護の手配師もウロついている。街で声をかけ、施設に連れて行き、その先は貧困ビジネスになっていることもある。なぜ、自分で役所に相談へ行かずホイホイと手配師に付いていってしまうのか。ずっと疑問に思っていたが、言葉は悪いがおとなりさんのような「情報弱者」がおそらく引っかかってしまうのだろう。

おとなりさんは二十年前に奥さんを乳がんで亡くした。そこから人生が狂ってしまったのだという。

「奥さんが死んでから何もする気が起きなくなってしまったんですよ。子どももいないし親戚や友人とも縁を切ってしまったし。毎日暇で暇で仕方がない。何もすることがない。時間が経つのをただ待っているだけなんです」

上野公園で年金とホームレスの関係を説いてくれた「コヒ」と、月収が同じだとはお

河川敷には様々な生活者が思い思いの小屋を建てている

よそ思えない。自分で生活を切り開く気力を失ってしまっている。ホームレスの幸福度というのは収入によって決まらない。本人の気の持ちようによって決まるのだ。

台風十四号が河川敷を襲う

九月十七日。

テントから自転車で上野公園の炊き出しに向かい、シロナガスクジラ像前のベンチに座ってもらった弁当を食べていると、二つとなりのベンチでホームレスが口論をしている。

「俺はコロナワクチンをもう打ったんだ。自分が死ぬのは構わないんだが、人にうつすのだけはごめんだからよ。だからお前も早く打てよ。俺は打たない奴の気が知れねえ」

立ち上がったホームレスがベンチに座ったままのホームレスに「ワクチンを打て」と詰め寄っていた。

八月下旬、山谷の炊き出しに参加した際、「台東区内で生活（寝泊まり）されており、住まいがない方へ、ワクチン接種を実施いたします！」と大きく書かれたチラシが配られた。

九月二日・三日で百二十枚の整理券を配布し、順次接種を行うという。

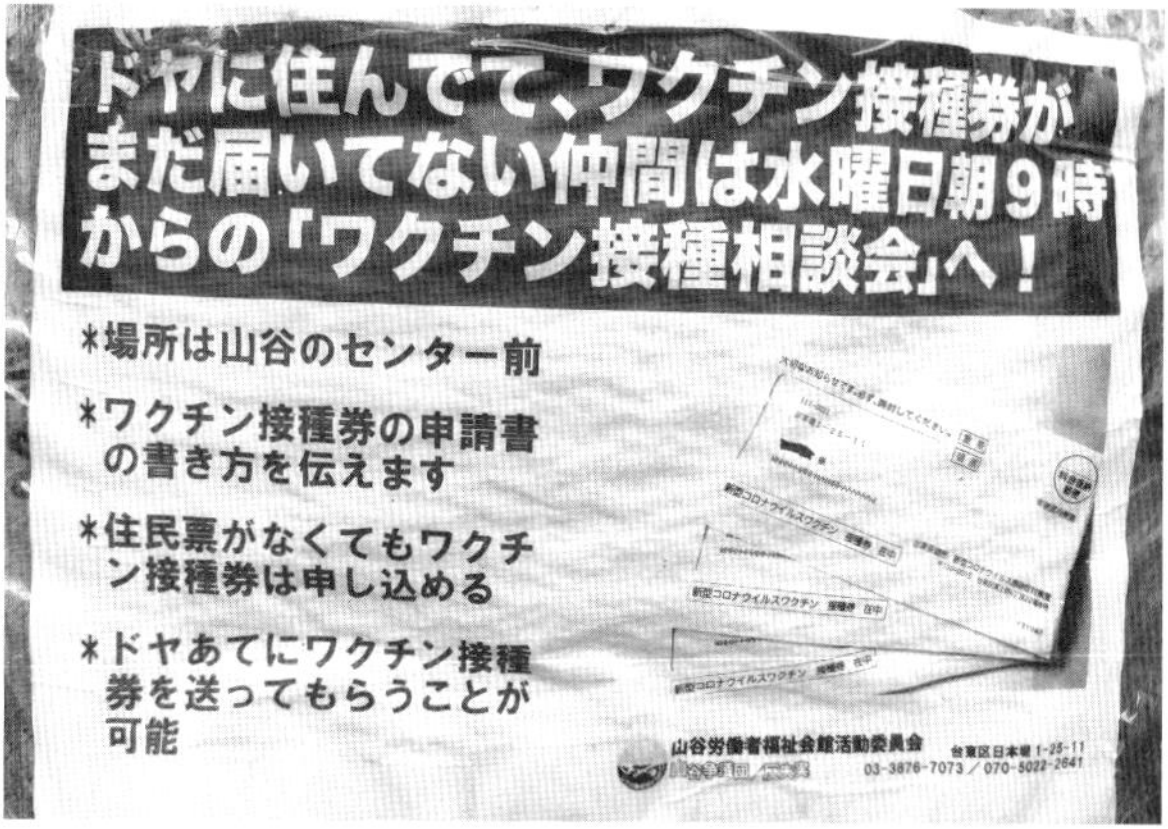

ドヤの居住者向けのワクチン接種案内

台東区内のホームレス限定という触れ込みであるが、そもそも家がないのだから本人が「台東区だ」と言えば「台東区だ」。つまり、数に限りはあるもののホームレスでもすでにワクチン接種を受けることができる。

　詰め寄られたホームレスが反論する。

「打つよ。俺も打つって。だけどね、持病があったりなんだりでワクチンを打ちたくても打てない人が一定数いるの。だから、そんな風に〝打て〟なんて人に指図しちゃダメだって」

「俺は人にうつしたくねえから打つんだ。そういう気持ちを全員が持っていれば、全員が打つに決まっているじゃねえか。だから、ワクチンを打たない奴はほかの奴が死のうと構わないってことなんだろ」

「だからね……」

この口論は収まることなく、詰め寄っていたホームレスが怒ってどこかへ行ってしまった。

「なんでこんなことで喧嘩しなきゃいけないんだよ」と残ったホームレスが独り言を言っている。普段は仲のいい二人組のようだった。


ホームレスのワクチン接種が始まったということで、私も自宅がある新宿区で予約を入れ、一回目のワクチンを打つことにした。打ったその場からすでに熱っぽい。慌てて荒川河川敷まで戻ると、テントに「台風十四号関東接近のおそれ」と書かれた紙が貼られていた。増水が予想されるので逃げる準備をしておけとのことだ。

二〇一九年の台風十九号では多摩川のホームレスが一人亡くなったが、この荒川河川敷も当時は悲惨な状況となった。私のとなりのとなりにいる「色っぽい女が多くて我慢できない」と話していたホームレスは二〇一九年の当時、野球場のマウンドの上にビーチチェアーを置き、ブルーシートを被って川沿いから「避難」していたという。

「なんかケツが冷たいなと思って目を覚ましたら、もう水が顔のところまで来ていたのよ」

当然、小屋の中は浸水し布団も服も何もかもが泥まみれになった。小屋を立てるのが好きな刺青のおじさんは、発電機やテレビなど給料で買い集めた家電たちがすべてパーになり、ショックでヤケ酒を煽った。

ニュースを見る限り、今回の台風はかなり大型である。墨田区のハザードマップを見ると、自分が寝ているエリアは、川沿いなので当たり前だが真っ赤に塗り潰されていた。夕方、ほかの住人の小屋を見に行くと、テントにはブルーシートがかけられていたもののの、みんなとくに大きな対策はとっていないようである。「ジャラジャラのおじさん」の小屋に至っては、普段は外に置いてある「ジャラジャラの棒」が屋内に取り込まれていただけだ。

夜になるとワクチンの副反応でだんだん身体が熱くなってきた。倦怠感もすごい。ホームレス生活を終え、二回目のワクチンを打ったときなどは副反応出まくりで、発熱と倦怠感で私は自宅のベッドの上で一晩中うなされてしまったが、これをテントでやれというのはかなりキツイ。

ましてや、隅田川沿いの高架下で雨でも降ろうものなら、想像するだけで恐ろしい。ホームレスのワクチン接種に関しては、接種後の宿泊施設の提供もセットで行うべきであると強く感じた。

九月十七日の夜から十八日の朝にかけ、台風十四号が荒川河川敷を襲った。テントの中に水が入ってくることはなかったが、ちょっとでも増水したらすぐにでも逃げられる準備を整え、テントの隙間から一晩中水位を見守っていた。

前日におとなりさんがこんなことを言っていた。

「私の人生なんてこれから何が起こるわけでもないし、台風で死ねるならもうそれでいいんですよ。自分で死ぬ勇気が出ないもんだから、ちょうどいいですよ」

深夜三時頃、水位が目に見えて上昇している。川の増水は一気にくるというので、もうここからは離れよう。ずぶ濡れになりながらおとなりさんの小屋に向かって叫ぶ。

「川が増水しているので、今すぐ逃げますよ！　早くしないと本当に死にますよ！」

二人でぬかるんだ野球場を歩いて渡り、橋の下に避難した。しばらくここで様子を見ていたが、誰一人として一帯のホームレスは避難をしていない。おとなりさんがフフッと笑いながら言う。

「ちょっとビビりすぎなんじゃないですか？　きっと二年前の十九号だけが特別だったんですよ」

そう言うとおとなりさんは、「私はもう戻るよ」と小屋に帰って行った。空が薄っすら明るくなり始め、雨もだんだん弱まってきた。胃が締め付けられるようにもたれ、疲労で頭も痛い。私もテントに戻り「もう増水はないだろう」となんとなく悟り、そのまま昼まで眠り続けた。

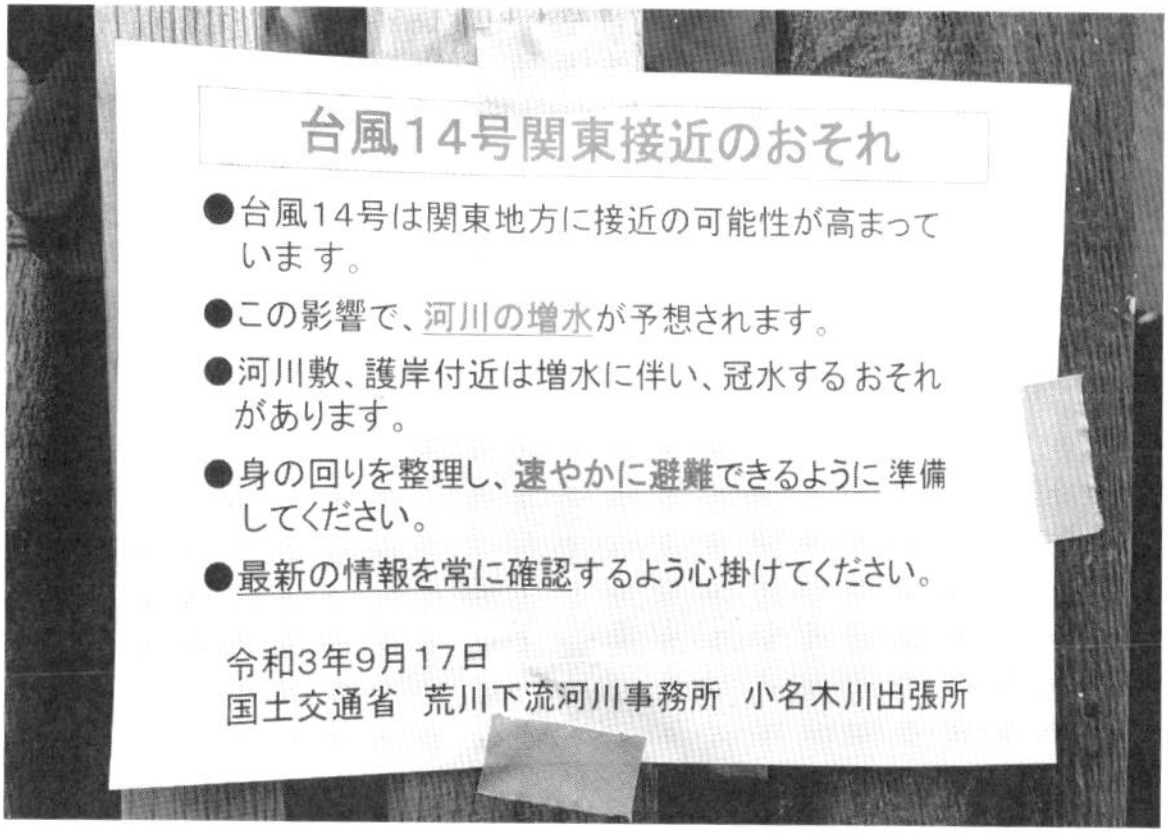
台風14号関東接近のおそれ
●台風14号は関東地方に接近の可能性が高まっています。
●この影響で、河川の増水が予想されます。
●河川敷、護岸付近は増水に伴い、冠水するおそれがあります。
●身の回りを整理し、速やかに避難できるように準備してください。
●最新の情報を常に確認するよう心掛けてください。
令和3年9月17日
国土交通省 荒川下流河川事務所 小名木川出張所
テントから見た増水する荒川の様子と行政の貼り紙

しかし、川の増水を見に行った人が濁流に流されて死亡する事故が後を絶たないのだから、川沿いに住んでいる私たちは「ビビりすぎ」も何もない。「増水したら逃げよう」と考えている時点ですでに手遅れのように思う。

結果的に何の問題もなく台風一過の晴天が荒川河川敷に訪れたが、これは結果論である。台風十九号が上陸した二年前、台東区の避難所は住所不定の男性二人に対して受け入れを拒否した。この対応が言語道断であることは間違いないが、ホームレスの災害に対する意識も改善されるべきである。

これで仮にホームレスが流されて亡くなったとしたら、「張り紙をしただけで対策をした気になっていただけだ」と行政に非難が集まるのだろう。

台風で濡れた服を木にかけて干す。これまでは濡れた服も堂々と乾かすことができなかったので、最高にすがすがしい。空き缶拾い中にゴミ捨て場から持ち帰ってきたコールマンのキャンピングチェアーに腰掛け、わずかに残った金で買った缶コーヒーを飲む。となりの小屋がモソモソと動き出し、おとなりさんが顔を出した。

「お父さん、晴れましたね」

「そうですね。とても気持ちがいい」

いつも暗い顔をしていたおとなりさんが、今日はニコニコしているではないか。太陽の光に幸せを感じられるのなら、もう「台風で死ねるならそれでいい」なんて一生言わないでくれ。そこで死んだら翌日の快晴を見ることはもうできないのだ。

それから五日後、私は二カ月間のホームレス生活を終え、テントを畳んだ。余った食材をおとなりさんに渡し、別れを告げた。お互いが見えなくなるまで、おとなりさんは野球場から手を振りながら私を見送ってくれた。

おわりに

――ホームレスは一体、どんな生活をしているのか？

そんな長年の疑問から私のホームレス生活は始まったが、その実態は予想とはおよそ違うものだった。

都内のホームレスは飯に困ることはまずない。むしろ、飯を取捨選択する余裕すらある。金を稼ごうと思えばそれとなく稼ぐことはできるし、その金で酒やタバコを買うこともできる。

しかし、私はこの状況を「過剰支援」だと唱えるつもりは毛頭ない。「ホームレスはそこまで困っていないのだから助ける必要はない」と言う人がいれば、それは間違いだ。助けてくれる人がいるからこそ、この生活が成り立っているのだから。

ホームレスになったとしても、本人の気質によっては「健康的で文化的な最低限度の生活」を送ることができるこの日本はなんと恵まれた国なんだと私は路上で考えた。

九月二十三日でホームレス生活を終え、元の生活に戻った約二カ月後の一一月二十日。第三土曜日のこの日は、夜に上野公園でカレーうどんとカレーライスが食べ放題の炊き出しツアーの開催日だ。

私は荒川の河川敷のおとなりさんの小屋に出向き、食料と古本三冊を差し入れた。相変わらず目の前では少年野球の練習をしているので、表には出たくないだろう。私が置いて行ったキャンピングチェアーを使っている様子だったので、黙ってその上に置き、十四時から始まる都庁下の炊き出しに向かった。

黒綿棒と島野君の間は空いたままであったが、島野君のとなりにはダンボールハウスが一軒立てられていた。五十歳くらいの男が仲間入りしたようである。三人とも配給でもらったのであろう長袖の上着を羽織り、冬の装いになっている。ふれあい通りの共有スペースには、鉄人が背筋を伸ばしながら座り、炊き出しが始まるのをじっと待っていた。

彼らが炊き出しの行列に並んでいる間に、私は自分が寝ていた場所に座り込んでみた。こんなに人通りが多い東京の中心に、私は布団を敷いて堂々と寝ていたのか。改めて見てみると、「マジか」と引いている自分がいた。

今日も炊き出しには三百人近い人たちが並んでいる。ここにいない人々がそれぞれ思い思いの生活をする中で、これだけの人が貧困に窮し、食料を求めて集まってきている。スロープの上から行列を見て、私はそんなことを思っていた。

二カ月間で彼らの生活を見てきたというのに、「みんながみんな困っている」という以前のテンプレートな感覚に戻ってしまっている。

どちらが自分の本心なのか、分からなくなってしまった。

取材後の打ち合わせで本書の担当編集の川戸崇央氏に会った際、こんなことを言われた。

「ホームレス生活中は感覚が研ぎ澄まされた表情をしていましたけど、その辺にいる普通の人間の表情に戻りましたね」

俗にまみれてしまった今の私ではもうあの輪に戻ることはできないのだと思うと、とても寂しい気持ちになった。

文庫版あとがき

ホームレス生活を終えてから二年後のある日、私は上野公園で週に四回行われている炊き出しの行列に並んでいた。都庁から上野方面へ移動した後は、ほぼ毎回参加していた懐かしの炊き出しである。

都庁下の黒綿棒からもらった炊き出しスケジュール表の通り、十二時半に東京藝術大学前にある広場に行くと、開催主である韓国系キリスト教会のスタッフが、「次からは十一時半までに来てくださいね」と言う。

そういえば、この炊き出しは事前に整理券を配り、一時間後の十二時半に再び集合することになっているんだった。二年前はその炊き出しの多さに多少混乱しつつも、スケジュールが体に刻み込まれていたというのに、えらい鈍りようである。

食事にありつくには宣教師の説教を三十分、我慢して聞かなければならない。この日、約百五十人の参加者の前に立ったのは、四十代と思しき韓国人の女性だった。

彼女の話に誰も反応を示していなかったが、よく聞くと、かなりファンキーなことを言っていた。

「この間テレビを観ていたらたまたまＢＴＳのライブ映像が目に入り、私は新婚の身であるにもかかわらず不覚にも欲情をしてしまいました。しかし、これは間違いなくサタン（悪魔）の仕業なのです。この世の中はサタンに支配されているのです。だから、こんなに大変なことがたくさん起こるんです。それでも理性を保てたのは、私が新婚の身であったからです。新婚生活だけがサタンから身を守ってくれるのです！」

説教を聞いているのは七十代や八十代の老人ばかりである。生活に困ったり、ギャンブルに狂ったりして来ているのだから、新婚生活を薦められたところでピンと来るはずがない。

それでも新婚生活の素晴らしさを熱弁する宣教師を見ていたら、だんだん笑いが込み上げてきた。

ほかに笑っている人はいないかと参加者の面々を見てみると、知った顔がいくつかあった。

鉄人の炊き出しツアーを一緒に巡った生活保護の不正受給者の男と、炊き出し歴を五十年から二年延ばしたよく喋る九官鳥である。

九官鳥はいつものようにボールペンの先を舐めながら、炊き出しのスケジュールをまとめたノートに何やら書き込んでいる。二年前、炊き出しに行くたびに幾度となく見た

宣教師の話を我慢して聞く人たち

光景だ。後ろから覗いてみると、重ね書きをしすぎて何かの呪文のようになっていた。

しかし、九官鳥と並ぶ炊き出しフリーカーの鉄人の姿がない。その夜、鉄人とチラシで作ったダブルベッドで眠った新宿駅西口地下広場を探してみるも、一緒にポケモンカードを買いに行ったホームレスを二人発見しただけだった。

翌日も上野公園の炊き出しに並ぶと、「研修行くかい?」と参加者たちに熱心に声をかけている男がいた。お馴染みの某新興宗教の手下である。男は四人の希望者を集めると、近くの路肩に停まっている運転手が乗った白のプリウスまで彼らを引き連れていった。

プリウスがいなくなったのを見計らって、私は男のところまで走った。

「私も研修に行きたかったんですが、今日はもう間に合わないですよね? 別の日でも行けますか?」

やはり、この研修に参加すると今でも千五百円がもらえて、男にも紹介料として一人あたり五百円が懐に入るのだという。

「さっきの車はときわ台の道場に行くんだけど、ほかの道場に行く車もあるから。いろんな道場を順番に回れば、月に一回は千五百円もらえるよ。名前と生年月日をでたらめに書いておけば何回でも行けるから」

「あの、できれば入信はしたくないんですけど、研修だけで済むんですか?」

「だから本名は書かなくていいんだよ。偽名で入信しているんだから、実際にはあんたが入信したことにはならないでしょ」

つまり、この某宗教団体には架空の信者がいることになる。炊き出しがあるたびに誰かしら道場に連れて行かれているので相当な数になるはずだ。

道場に行った際にはあくまで「初めて来た体」を取らないといけないそうだが、気付いていないわけがない。

勧誘する側はわずかな金でノルマを達成できるし、本部としては信者数を水増しできる。きっと、黙認しているのだろう。

炊き出しのメニューは炊き込みご飯とバナナとパンだった。久しぶりに炊き出しに並ぶと、どうしても「自分のせいで誰か一人が飢えているのでは」という罪悪感に苛まれた。

ベンチに座って炊き込みご飯を食べていると、また別の団体が炊き出しの準備を始めた。同じくとなりで炊き込みご飯を食べている老人の男性に声をかけると、老人は炊き出しをはしごをするのだという。

「二カ月に五回まで食材をもらえるフードバンクが浅草橋にあるんだけど、その量がすごいんだよ。それでも二カ月は持たないから。スタンプカードみたいのを押されるんだけど、六回目以降は今からここである炊き出しに行くように言われるんだよ」

　七十歳は過ぎていると思われる老人はこれから食材が入った重いビニール袋を抱えながら帰らなくてはいけない。それを日々各地でこなしているのだ。どこまで帰るのか聞いてみると、老人は「中目黒だよ」と言った。

「ずいぶんいいところに住んでいるじゃないですか」

「だろ？　中目黒にある親の実家に一人で住んでいるからね。これでも私は元公務員で、二カ月に一回振り込まれる年金は五十万円。なんでそんな裕福なヤツがいつも炊き出しに来ているんだって思うでしょ？」

　平和島と江戸川のボートレース場を行き来すると、五十万円など一週間ですっからかんになってしまうのだという。私は一気に路上生活の世界に舞い戻った気がした。

「この後は十四時から都庁下でも炊き出しがありますけど、それも行くんですか？」

「行くわけないでしょ、あんなもん。たいしたものもらえやしないんだから」

　たしかに、トマトを生のままいくつも渡されて困っていた記憶がよみがえる。ただ、この炊き出しは鉄人が出没する可能性が極めて高いので、バナナとパンを口に押し込み、私は都庁下に行くことにした。


　余談であるが、都庁下の黒綿棒のもとには単行本が発売された後すぐに会いに行っている。そのときに黒綿棒から「二度と来ないでくれ」と忠告されてしまった。

当時、都庁下で寝ていた私に「この自転車、すごいねえ。こんなにピカピカの自転車に乗っているなんて、君はカッコいいね」と言い放ったあのスープの会の連中が、「君のことをこんな風に書いている人がいるんだけど、これって最近までとなりにいた人じゃない?」と、わざわざ黒綿棒に密告したようだ。本当に余計なことしかしない。

実をいうと、この二年間で鉄人とは新宿の街で二度すれ違っている。

一度目は東新宿駅のバス停前。都営バスに乗って池袋の炊き出しに向かうところだったと思う。二度目は冬の日の夜。路地裏で凍えながら炊き出しでもらったのであろう豚汁をすすっていた。

野暮なので話しかけることはしなかったが、もし私が鉄人のことを知らなければ、「大丈夫ですか?」と声をかけていたかもしれない。あれだけ頼りがいがあって、ホームレス界のスーパーマンみたいな男が、そのときはとても小さく見えたのだ。

五百人近い行列の最後尾に並んでいると、二周目に突入した先頭の男が私の後ろ目指して歩いてきた。競歩みたいな速さ、日焼けした肌、筋張った腕、精悍な姿勢、私がホームレス生活中に見た、あのたくましい鉄人だった。

「國友くん、久しぶりじゃねえか。四年ぶりか?」

「二年ぶりですよ。昨日も探したんですよ」

鉄人は今も新宿駅西口地下広場を寝床にしていたが、近くのトイレが閉鎖されたため、少し場所を移したのだという。生活保護受給者の友人から借りていたパス（都営電車と都営バスが乗り放題）は本人に返すことになってしまい、東京東部には行かなくなったそうだ。

「元気そうでなによりですよ。まだしばらくは路上で暮らすんですか？」

「そうだな。体はまだまだ大丈夫だから、動ける限りは現役でいるつもりだ」

鉄人にとっての〝現役〟はホームレスであり続けることなのだ。俗世の私がそう感じたように、世間から見れば鉄人は不憫で可哀想な老人かもしれない。だが、この日見た鉄人はやはり鉄人だった。

本書を読んでくれた人から、「ホームレスって思ったよりつらくないんですね」という感想をもらうことがよくあるが、正確にいうとそれはちょっと違う。「ホームレスはつらい」という漠然としたイメージから、ホームレスは何がつらくて、何が悲しくて、何が嬉しくて、何が楽しいのか。それを知ることができたと思っている。

「じゃあ、國友くんも元気でな」

鉄人とあっさりした別れの挨拶を交わし、私はその足でカレーうどんとカレーライス

おとなりさんが集めていたと思われる野球ボール

が食べ放題の炊き出しに向かった。鉄人やター坊が月に一度の楽しみにしていた炊き出しだったが、今は保存食を配るだけの簡素なものに変わっていた。

「カレーはいつ復活するんだい？　俺はカレーのほうがいい」と、ター坊がボランティアに絡んでいた。

荒川河川敷にあったおとなりさんの家は倒壊し、人が住んでいた痕跡がわずかに残っているだけだった。

2023年10月　國友公司

■ 著者紹介

國友公司（くにとも・こうじ）

1992年生まれ。栃木県那須の温泉地で育つ。筑波大学芸術専門学群在学中よりライター活動を始める。水商売のアルバイトと東南アジアでの沈没に時間を費やし7年間かけて大学を卒業。2018年、西成のドヤ街で生活した日々を綴った『ルポ西成　―七十八日間 ドヤ街生活―』（彩図社）でデビュー。著書に『ルポ路上生活』（KADOKAWA）、『ルポ歌舞伎町』（彩図社）がある。

※インタビューの内容は、話者の発言を極力生かして構成しました。

ルポ路上生活

2023年12月13日　第一刷

著　者　國友公司

発行人　山田有司

発行所　〒170-0005
株式会社　彩図社
東京都豊島区南大塚3-24-4
MTビル
TEL：03-5985-8213　FAX：03-5985-8224

印刷所　新灯印刷株式会社
URL　https://www.saiz.co.jp
https://twitter.com/saiz_sha

©2023.Koji Kunitomo printed in japan.　ISBN978-4-8013-0693-6　C0136

落丁・乱丁本は小社宛にお送りください。送料小社負担にて、お取り替えいたします。

定価はカバーに表示してあります。本書の無断複写は著作権上での例外を除き、禁じられています。本書は、2021年12月に刊行された『ルポ路上生活』（KADOKAWA）を加筆修正の上、文庫化したものです。